股权激励

融资、融人、融智的零成本秘诀

EQUITY INCENTIVE

陈丰◎著

SPM
南方出版传媒
广东经济出版社
—广州—

图书在版编目（CIP）数据

股权激励：融资、融人、融智的零成本秘诀 / 陈丰著．—广州：广东经济出版社，2017.6（2020.4 重印）
ISBN 978 - 7 - 5454 - 5403 - 1

Ⅰ．①股… Ⅱ．①陈… Ⅲ．①股权激励 - 基本知识
Ⅳ．①F272.923

中国版本图书馆 CIP 数据核字（2017）第 093062 号

责任编辑：蒋先润
责任技编：许伟斌

股权激励：融资、融人、融智的零成本秘诀
GUQUAN JILI：RONGZI、RONGREN、RONGZHI DE LINGCHENGBEN MIJUE

出版人	李　鹏
出　版 发　行	广东经济出版社（广州市环市东路水荫路 11 号 11 ~ 12 楼）
经　销	全国新华书店
印　刷	广东鹏腾宇文化创新有限公司 （珠海市高新区唐家湾镇科技九路 88 号 10 栋）
开　本	730 毫米 × 1020 毫米　1/16
印　张	13.75
字　数	195 千字
版　次	2017 年 6 月第 1 版
印　次	2020 年 4 月第 4 次
书　号	ISBN 978 - 7 - 5454 - 5403 - 1
定　价	45.00 元

营销中心地址：广州市环市东路水荫路 11 号 11 楼
电话：（020）87393830　邮政编码：510075
如发现印装质量问题，影响阅读，请与本社联系
广东经济出版社常年法律顾问：胡志海律师

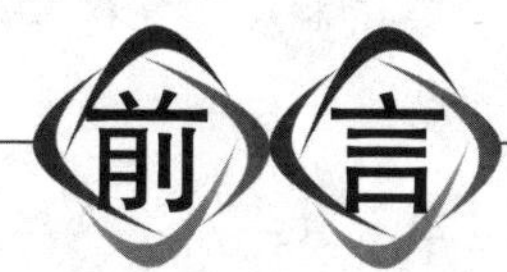

前言

PREFACE

从2010年到2012年期间，万科遭遇了密集的人事变动，多名高管离职、人心不稳、产品问题频现、销售额下滑等问题，被万科总裁郁亮戏谑地喻为遭遇“中年危机”。

为了扭转困局，万科管理层积极调整管理战略，推出“共创、共享、共担”的股权激励制度。一定级别管理人员以年终奖购买公司股票，其中，公司董事、监事及高管，总部及地方公司一定级别以上的管理者参与持股记挂，高管购买有下限、雇员购买有上限。

通过这项计划，万科重新界定了公司与员工的关系，将公司的业绩、股市的表现、投资的风险与员工、产业链上下游人员切合联系在一起，使所有人都朝着一个共同目标努力；员工的收入也不再仅仅靠个人绩效考核来定，而是与公司的收益、项目的收益紧紧捆绑在一起，由雇佣体转变为利益共同体、事业共同体、命运共同体，让参与者在享受更多增量收益的同时承担风险，防止优秀人才的过度流失，真正提升和完善公司的运营效率。

最终，万科通过股权激励计划安然度过了所谓的“中年危机”，业绩稳定增长。

当前在国家提倡的“大众创业、万众创新”理念促动下，自主创业蓬勃发展，但同时员工离职潮频现，人才流失现象严重，对企业人才的选用与留存提出了诸多挑战。为了留住和激发优秀人才持续奋斗，越来越多的企业开始引入股权激励制度，通过打造合伙人文化，将员工变成“老板”，从而留住优秀人才。

具体来说，股权激励在以下几个方面有着不可比拟的优势：

第一，提升企业竞争力。股权激励让员工变成股东，共享企业利润，有利于激发员工的积极性和主动性。对于一些管理人员、技术人员来说，拥有分享利润的权利后，会从自身利益出发，采用各种方式降低成本、提高管理能力、进行技术创新、积极拓展市场空间、提高企业营收。另外，股权激励的授予条件一般是企业利润的增加或收入的增长，在此情况下，激励对象要想获得股权必须尽最大努力来完成业绩，达到一定的业绩指标，这都有利于提高企业的经营业绩和核心竞争能力。

第二，建立利益共同体。引入股权激励机制，可以有效弱化企业所有者与经营者之间的矛盾，有利于改变经营者的心态，并促使两者形成利益共同体，提高企业的凝聚力。经营者变成股东、代理人变成合伙人，这种身份的变化使员工心态发生了根本改变，过去是为别人“打工”，如今自己成了企业的“老板”，作为“老板”不仅会关心企业的经营状况和发展状况，而且会及时制止一切损害企业利益的行为。

第三，维持企业战略。股权激励有利于消除员工的一些短期行为，维持企业战略的整体性和长期性。传统的激励方式如提成、奖金等，是员工的一种短期收益，这些在一定程度上刺激了员工的短期行为，而对企业长期、稳定的发展并不一定是有利的。股权激励机制不仅让员工重视自己的长期行为，还加强了其对公司未来发展前景的关注。

作为一般员工都会存在一种“不安全感”的心理，这种心理促使员工为了获得短期利益而实施的一些行为，有时候可能会威胁到企业的长期利益和整体利益。股权激励机制使员工在心理上有了“安全感”，这对企业战略的顺利推行是一种保障。加之股权激励本身是一种长期激励机制，使员工在任期内获得收入，卸任后也会得到一部分利益，这样，员工不仅关心在自己任期内公司的盈亏状况，也会关注企业的长远发展。由此，员工只关心短期利益的行为被削弱，有利于维持企业的长期战略。

第四，吸引人才、留住人才。股权激励有利于吸引外部优秀人才、留住内部精英。通过高薪和奖金等方式来吸引人才、稳定人才，往往会提高企业的经营成本，给企业的现金流带来较大压力。引入股权激励机制，使员工能够分享企业发展所带来的收益，可增强员工的归属感和认同感。股权激励能够体现员工的长期价值，提高员工对企业的忠诚度。一般情况下，员工只有在企业的服务达到一定年限后，才可以获得相应的股权。加之多数公司往往会设定限售要求、回购条件等，因此，股权激励是一种非常有效的留住人才、稳定人才的方法。

第五，吸引外部资金。除了内部效应，股权激励的外部效应也不可忽视，企业可以通过出让股权来融资，获得自我发展所需要的资金。例如，诚记餐饮管理有限公司通过股权众筹方式于2015年6月12日在人人投成功融资173万元；晟和牛肉文乐松店也以同样方式于2015年5月31日在人人投成功融资95万元；ofo、摩拜等共享单车都通过出让股权方式不断为企业“输血”。

对于大多数企业来说，虽然能清晰地认识到股权激励的优势，但是要想获得上述效应，普遍的困难在于如何将股权激励落实到操作层面。本书总结企业管理中的问题，以及为多家企业成功实施员工股权激励的经验，从股权激励的原则、方法、作用以及具体的操作技巧等方面，为大家分享如何做好员工股权激励，如何在实施过程中把握控制权，以及如何进行股权融资等。

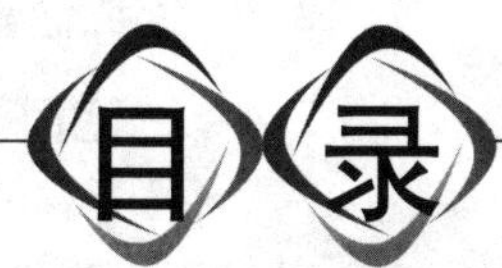

CONTENTS 目录

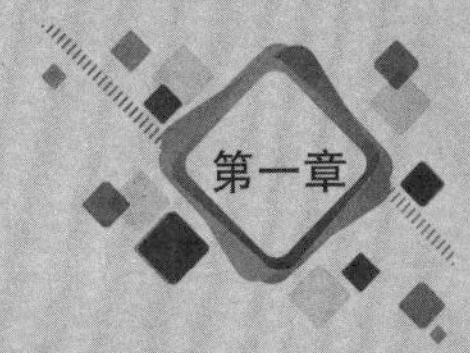

诊断——“把脉”企业，对症下“药”

企业诊断犹如寻医问药，定期或不定期对企业“把脉”，从管理、经营和财务等角度对企业进行全面分析，发现存在的问题，并对问题进行深入的研究，找到问题背后的原因，从各个层面提供解决问题的建议，提高改善机能，挖掘潜力。

本章主要从管理角度为企业“把脉问诊”（见图1-1）。

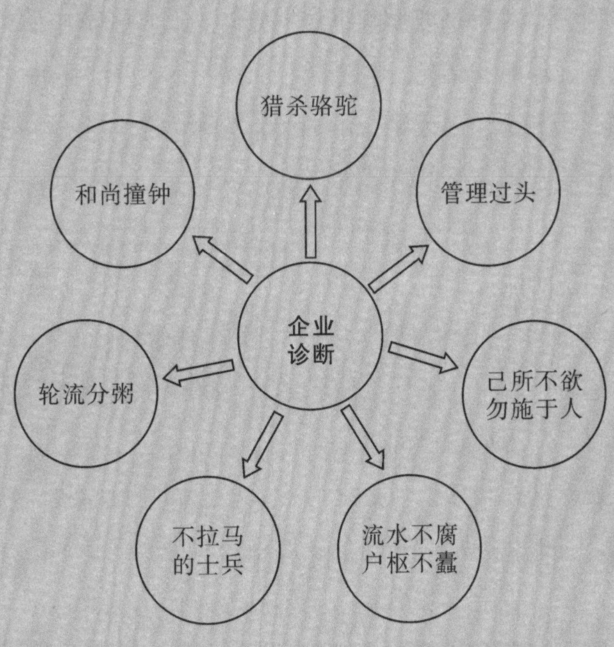

图1-1 企业诊断，发现问题

1.1 做一天和尚撞一天钟

某寺院有一个小和尚担任撞钟一职，半年下来，每天做这个机械的重复工作，他感到非常无聊，于是每天都敷衍了事、得过且过。有一天，住持告诉他，他已不能胜任撞钟一职，只能调到后院劈柴挑水。小和尚很不服气地问：“我撞的钟难道不准时、不响亮吗？”

老住持耐心地告诉他：“你撞的钟虽然很准时，也很响亮，但钟声空泛、疲软，没有感召力。钟声是要唤醒沉迷的众生，因此，撞出的钟声不仅要洪亮，而且要圆润、浑厚、深沉、悠远。”

这个“做一天和尚撞一天钟”的故事，告诉我们一个道理，做任何事情都要用心，即使看起来很简单的事情，如果不认真，也做不好。

实际上，在企业中也存在这样的“小和尚”，虽然每天工作 8 小时，准时上下班，但是上班时应付了事，混天熬日头，甚至工作时间被刷屏、逛淘宝、聊天占据了大半。这样的工作状态，怎么能将工作做好？

再回头看这个小故事，是什么原因导致小和尚的这种工作状态呢？是因为小和尚没有将工作当成自己的事业来做，工作只是工作，是一种谋生的手段而已，因此缺乏动力与激情。如果寺院采取股权激励措施，让小和尚也能成为寺院的主人，那么寺院的兴旺与发展就成了他自己的事。那个时候，不用住持监督，小和尚也会由敷衍变为全力以赴，撞出洪亮、圆润、浑厚、深沉、悠远、有感召力的钟声。

对于企业而言，没有股权激励，缺乏有效的激励机制，员工没有压力，没有动力，上班只是尽力而为，以“和尚撞钟”的心态在做。时间一长必然导致员工自满、懈怠、执行力低下，造成大量的人力和物力资源浪费。

股权激励不仅是一种管理的手段，更是一种激励员工主动工作的方法。每个员工都有着巨大的潜力，股权激励可以挖掘出员工的巨大潜力。

卢纶《塞下曲》：“林暗草惊风，将军夜引弓。平明寻白羽，没在石棱中。”说的是李广射石的故事。李广出猎，看到草丛中的一块石头，以为是老虎，张弓而射，一箭射去把整个箭头都射进了石头里。仔细看去，原来是石头，过后再射，就怎么也射不进石头里去了。

这个故事说明，其实每个人都有很大的潜力，有时候可能连自己都想象不到，而这个能力在于如何去激发，一旦激发出来，能够完成很多连自己都不相信的事情。

企业再造大师迈克尔·哈默发现：企业中有25%的员工，以低效的方法在工作。为什么会这样？原因还是在于股权！管理就是通过股权激励，调动员工的积极性，将工作当成事业，将公司的事当成自己的事。

1.2 轮流取粥，分者后取

轮流取粥的故事，在管理界久经流传。引申到股权激励中，管理者在制定相关机制时，要有科学性、针对性、可操作性，让员工感觉到公平有效，目的在于让员工自觉发挥能动性。

故事说，有7个人住在一起，每天共食一桶粥，因人多粥少，大家在分粥时有多有少，时间一长不免互相埋怨，心存芥蒂。于是，他们想办法解决怎么分粥这一难题。

第一种方法，每天一个人，抓阄决定谁来分粥。这个方法看似公平，但是几乎每周下来，他们只有一天是吃饱的，就是自己分粥的那一天，因为可以先取。

第二种方法，推选出一个品德高尚的人来分粥。开始这个人还能公平分粥，但没多久，权力开始滋生腐败，大家都挖空心思去讨好、贿赂他，搞得整个小团体乌烟瘴气。

第三种方法，选举一个3人分粥委员会和一个4人监督委员会，形成监督和制约机制。表面上看，公平基本上做到了，但等互相攻击扯皮下来，粥吃到嘴里全是凉的，大家也很不满意。

第四种方法，每人轮流值日分粥，但是分粥的人要等到其他人都挑完后才能取剩下的最后一碗。

采用第四种方法后，效果出奇的好，为了不让自己吃到最少的那一碗，每人都尽量分得平均，就算不平，也只能认了，大家快快乐乐，和和气气，日子越过越好。

在企业中，“分粥”是常见的场景。对管理者来说，“分粥”又是一项大事，如何兼顾责任与权利、公平与效率，关系到企业和员工利益。如果只是“轮流分粥”，而没有“分者后取”，就会出现第一种方法的不良效果；如果只是“分者后取”，而没有“轮流分粥”，分者即便分得再公平，他也只能每天吃最少、最凉的那一份，时间一长，分粥者积极性就会下降，消极怠工，“做一天和尚撞一天钟”。

管理的真谛在“理”而不在“管”，构建一个科学的管理体制，类似于一个像“轮流分粥，分者后取”那样的游戏规则，让每个员工按照这个规则自我管理，发挥能动性。同时，兼顾公司利益和个人利益，让执行者全力执行，将决策落到实处，让制度管人。

管理机制是否合理，直接关系到管理是否有效率。因此，制定一套行之有效、便于执行的管理制度，是有效管理的关键。

1.3 不拉马的士兵

“不拉马的士兵”也是管理界一个广为流传的故事。股权激励在实施过程中，管理者也要像这个故事中的军官一样，随着企业内外部环境的变化，及时调整激励机制，明确队伍中各岗位职责，防止出现“不拉马的士兵”，造成组织臃肿、效率低下。

一位年轻有为的炮兵军官上任伊始，到下属部队视察演习，他发现在每门火炮的操练中，总有一名士兵自始至终站在火炮的炮管下面，纹丝不动。军官感到很奇怪：“这个人没做任何动作，也没什么事情，他是干什么的？”大家说：“训练教材里就是这样编队的，我们也不知道为什么。”该军官回去后反复查阅军事文献，终于发现，炮兵现行的操练条例是马车牵引时代制定的。在那个时代，火炮由马车运载到前线，站在炮管下的士兵的任务是负责拉住马的缰绳，以便在火炮发射后调整由于后坐力产生的距离偏差，减少再次瞄准所需时间。而现在火炮的自动化和机械化程度已很高，根本不再需要这样一个角色，可操练条例却没有及时修改，结果就出现了“不拉马的士兵”这样多余的岗位。该军官于是建议裁掉“不拉马的士兵”，并由此获得了国防部的嘉奖。

将此旧故事重提，是因为现在很多企业可能都存在“不拉马的士兵”这种现象，管理者在组织所处的外部环境发生较大变化的情况下，不懂与时俱进，不懂变革，不懂整合，导致人力、物力出现“不拉马”现象，或者片面、机械理解执行上级指示，不思改革创新，造成资源浪费、管理滞后、组织运作效率低下。

如果把公司比喻成一台机器，那么员工就是一个个零部件，只有他们爱岗敬业，笃行职守，公司这台大机器才能良性运转。如果队伍中有人滥竽充数，消极怠工，不仅仅给企业带来成本的损失，还会导致其他员工心理不平衡，影响团队协作，最终导致公司工作效率整体下降。

管理的首要工作就是在现行环境下科学分工，根据实际动态情况对人员数量和分工及时做出相应调整，明确各岗位职责，及时发现哪些工作已经不再需要，或者工作流程的哪些环节已发生了变化，杜绝“大材小用”、“小材大用”、推诿、扯皮等不良现象，防止队伍中出现“不拉马的士兵”。

20世纪50年代日本丰田汽车公司创造了著名的“丰田生产方式”（见表1-1）。

表1-1　丰田生产方式

序号	内容
1	在技术上，用少量设备加上快速换装模具的轮番小批量生产替代大量的自动化设备上的连续生产。
2	生产现场的团队组织和作业决策权交给作业的职能员工。
3	部门之间的协同、合作和全企业的过程贯通。
4	协作厂和零件厂组合成为一台协同运作的机器。
5	采用由“看板”指令的准时化生产：直接由用户的需求驱动、按日进度安排零件在协作厂之间的流动进程。
6	在协作企业之间建立紧密联系和合作的新型关系，增加沟通和信息的交流。
7	工程领域打破了设计与制造的分工和分离。
8	实行为制造而设计（DFM/DFA）。
9	建立新型的客户关系，转向按订单组织生产，销售成为生产系统中的一部分。

经过美国MIT为首的学术界和企业的效仿和发展，到20世纪90年代中期，这种生产方式已经形成一种管理理念——“精益思想”（Lean Thinking）。

20世纪90年代中后期，精益思想在各种机械、电子、消费品，以至航空、航天、造船等工业中得到广泛应用，极大地提高了管理效率、降低了制造成本、缩短了开发和制造周期、显著增强了企业的竞争力。

对于精益思想，国外流行最广和最通俗的说法是：精益就是消除一切浪费。从企业的管理理念、组织和人际关系等方面入手，利用过程和技术的集成，减少非增值活动，杜绝一切“不拉马的士兵”，提高员工工作效率，减少资源的浪费，改进企业生产的效率和质量。

1.4 流水不腐，户枢不蠹

“流水不腐，户枢不蠹”，语出《吕氏春秋·尽数》，意指常流的水不发臭，常转的门轴不遭虫蛀。引申到企业管理中，则可指竞争的环境有助于激发活力。

有这样一个故事：

在一片原始森林中，高耸入云的参天古树遮天蔽日，五颜六色的野花遍地都是，在这片绿色海洋中，生活着4000只左右的梅花鹿，他们奔跑、嬉戏，呈现出一派生机勃勃的景象。为了让森林里的鹿群得到有效的保护，繁殖得更多、更快一些，国王下令将森林设为全国狩猎保护区，并决定由政府雇请猎人去那里消灭鹿的最大敌人——狼。

经过20多年的捕猎，有数千只狼先后毙命，其他以鹿为捕食对象的野兽，如狮子、豹子等也被猎杀了很多，鹿成了这片森林的“宠儿”。

在这个环境幽静、水草丰美、没有天敌的“自由王国”里，鹿群自由自在地繁衍生长，自由自在地啃食树木，过着没有危险、食物充足的幸福生活。

但几年以后，鹿群并没有像人们想象得那样壮大，反而病的病、死的死，甚至数量出现了负增长，森林中的绿色植被也因为鹿群的啃食而大面积减少。

后来管理者又买回几只狼放在公园里，在狼的追赶捕食下，鹿群又只能拼命奔跑。这样一来，除了那些老弱病残者被狼捕食外，其他鹿的体质日益增强，数量也迅速上升。

这个故事说明，在生态的“舞台”上，物竞天择是一种规律，森林中既需要鹿，也需要狼，只有竞争，才能创造活力。

拿破仑在一次打猎的时候，看到一个男孩掉落在并不太深的河中，拼命挣扎，高呼救命。拿破仑没有跳水救人，而是端起猎枪，对准男孩大声喊道：“你若不自己爬上来，我就把你打死在水中。”那男孩见求救无用，只好拼命地奋力自救，终于游上岸。

企业管理也一样，所谓“流水不腐，户枢不蠹”，反之太过安稳的环境会让员工甘当“井底之蛙”，故步自封、自甘落后。创造竞争的管理机制，让跑在前面的“梅花鹿”获得奖励及晋升，跑在最后的“梅花鹿”被淘汰，有利于让员工时刻保持警醒，清楚自己的位置、同伴的位置和狼的位置，不断提升自己，才能增强企业活力；对自觉性较差的员工，竞争的环境有助于及时制止他们消极散漫的心态，重新激发新的工作斗志。

1.5 己所不欲，勿施于人

“己所不欲，勿施于人”，语出《论语·颜渊篇》，是孔子经典妙句之一，亦是儒家文化精华之处。意指自己不愿意的，不要强加给别人。引申到股权激励中，管理者要想管好下属必须以身作则，做好示范，为股权激励的实施创造良好的氛围，同时，在实施过程中，要征询员工的意见，让员工感受到被信任与被尊重。

《李离过听自刑》是一个久经流传的故事：

李离是春秋晋国的法官。他听察案情有误而枉杀人命，发觉后就把自己拘禁起来判以死罪。晋文公说：“官职贵贱不一，刑罚也轻重有别。这是你手下官吏有过失，不是你的罪责。”李离说：“臣担当的官职是长官，不曾把高位让给下属，我领取的官俸很多，也不曾把好处分给他们，如今我听察案情有误而枉杀人命，却要把罪责推诿于下级，这种道理我没有听过。”他拒绝接受晋文公的命令。晋文公说：“你认定自己有罪，那么我也有罪吗？”李离说：“法官断案有法规，错判刑就要亲自受刑，错杀人就要以死偿命。您因为臣能听察细微隐情事理，决断疑难案件，才让我做法官。现在我听察案情有误而枉杀人命，应该判处死罪。”于是不接受晋文公的赦令，伏剑自刎而死。

企业管理中，管理者要以身作则，事事为先，勇于承担错误，严格要求自己，做到“己所不欲，勿施于人”，为员工树立表率，上下同心，提高团队的整体战斗力。

2011 年海底捞曝出“勾兑门”事件，遭遇了最严重的信任危机，也使投资商惴惴不安。但是海底捞掌门人张勇没有推诿责任，而是在新闻曝出当天就迅速带领团队做出回应，态度诚恳地承认勾兑事实及其他存在的问题，并在微博上做出道歉，发布《海底捞关于食品添加剂公示备案情况的通报》，表示一定会对于存在的问题全面整改，加强员工培训，同时也感谢媒体的监督，而张勇本人更是多次在微博上对勾兑事件向公众道歉，并邀请媒体监督（见图1－2）。

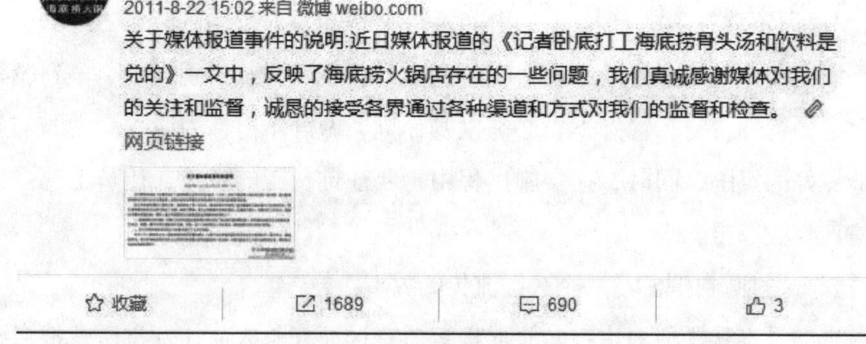

图1－2　海底捞微博致歉

张勇这种负责任的态度最终使企业安然度过了这次危机，并使海底捞品牌得到了更广泛传播。

1.6 事必躬亲，管理过头

没有规矩不成方圆，但许多企业在管理上却“过头”了，比如在各个方面，如流程再造、结构调整、人力资源管理、股权激励、企业文化等，都亲力亲为，穷尽所有管理方法。管理的实质在于提高员工的执行力与能动性，提高公司的竞争力，如果事事都由管理者亲力亲为，或者用无数的规章条款来束缚员工，只会适得其反。

曾经有一家企业，因为不得已而做了一次重大的人事调整：将一个重要的业务部门的经理 A 撤下，换上了 B。但这次“走马换将”的举措却让企业内外大呼意外，因为无论从个人能力还是业务经验来说，A 都远胜于 B。

此次将 A 换下的原因在于，A 虽然经验丰富，业务能力强，但作风强悍，雷厉风行，处处严格管控员工，甚至有点独裁专制，员工整天像上了发条的机器，机械、压抑、被束缚，没有自由、信任和发挥空间，一刻不敢放松。久而久之，这种“管理过头”的做法，使员工怨声载道、无心工作，有不少员工甚至直接辞职走人。如此恶性循环，严重影响了企业的正常运营。

B 虽说工作年限短，业务经验相对 A 匮乏，但管理方式上软硬兼施，柔中带刚，容易激发员工的积极性，比较受员工拥戴。因此，企业痛定思痛终于撤下 A，换上了 B。

曾接触过这样一家小公司，基本上每天都在下发最新的流程、制度、文件，而且要求员工学习并考核，半年下来，累计的流程类文件多达上百份，厚达 400 页 A4 纸。很无奈的是，员工只能将大部分时间都消耗在学习这些“内部流程”上，而忽略了本职工作。

再如，一家企业为杜绝员工多次上厕所影响生产效率，就特别规定了女工上厕所的时间和频率，超出“规定”就要“狠狠罚款”，领导还亲自坐镇监督。但结果事与愿违，不但没提高工作效率，员工流失率反而直线上升。

管理必须要有制度，但制度要体现出价值，比如是否能提高员工工作的积极性、是否能提高工作效率、是否有利于营销、是否有利于公司发展，切不可让制度成为束缚员工的牢笼。

很多企业表面上宣称是“精细化管理”，条条框框数不胜数，如上级评价、下级评价、客户打分等，看似制度很完善，实则徒劳无功，滋生懒惰作风，一个报告、一项指令都需要一层一层传达下去，既浪费人力物力，又延误了时机。执行过程中，员工一直处于和制度的“博弈”中，容易增加内耗机会，降低工作效率，最终使企业因“管理过头”而漏洞百出。

管理的核心在于明确员工各自职责，每个人都希望用自己的能力来证明自身价值。给他们更大的空间去施展自己的才华，是对他们最大的尊重和支持。有效的执行力，不在于管理者事必躬亲，而在于营造简洁、合理和高效的执行机制，为员工画好蓝图、留出空间。同时，要注重细节，但不是要管理者对所有细节都了如指掌，应该注重的是对全局有决定意义的关键细节，以及通过细节反映出的管理的真实情况。

1.7 猎杀骆驼

年轻的父亲带着三个儿子去打猎，来到一片广阔无垠的大沙漠，父亲和三个儿子就本次打猎的目标展开了讨论。父亲问老大：“你看到了什么?”老大回答：“猎枪、骆驼，还有漫天黄沙。”父亲摇摇头说：“不对。”父亲以同样的问题问老二。老二想了想回答：“有人、蜥蜴，还有鸵鸟和骆驼。”父亲又摇摇头说：“不对。”父亲又以同样的问题问老三。老三回答：“我只看到了骆驼。”父亲高兴地说：“答对了。”

这个故事说明，不管做什么事情，找准目标很重要。企业管理中，制定目标才能产生效果。成功的目标，必须是明确的、具体的、可量化的、有充分激励作用的，只有这样，才能让全体成员清楚下一步努力的方向，才能对全体成员产生引导和激励作用。

心理学家曾经做过这样一个实验：组织三队人，让他们分别向着10公里以外的三个农庄进发。

第一队的人既没被告知农庄的名字，也没被告知路程的远近，只告诉他们跟着向导走就行了。刚走出两三公里，队伍中就开始有人埋怨、叫苦；走到一半的时候，这种抱怨的情绪更加强烈，有的人几乎愤怒了，他们跺着脚、挥舞着拳头大喊：“为什么要走这么远，何时才能走到头?”越往后走，因为看不到目标，他们的情绪就越低落，有的人坐在路边不愿走了，有的人甚至离队返回了。

第二队的人被告知了农庄的名字和路程远近，但因为路边没有里程碑，无法估计确切行程的时间和距离。走到一半的时候，大多数人想知道已经走了多远，比较有经验的人说：“大概走了一半的路程。”于是，大家又打起精神簇拥着继续往前走。当走到全程四分之三的时候，大家情绪开始低落，觉得疲惫不堪，而路程似乎还有很长。这时候有人说：“快到了！快到了！”大家顿时感觉像打了鸡血，又信心百倍地迈开了前进的步伐。

第三队的人不但知道村子的名字、路程，而且公路旁每一公里都有一块里程碑，人们边走边看里程碑，每缩短一公里便觉得离目标更近一步，信心不断增加，情绪也一路高涨，所以很快就到达了目的地。

通过上面的故事，心理学家得出了这样一个结论：当人们的行动有了明确目标的时候，并能把行动与目标不断地加以对照，进而清楚地知道自己的行进与目标之间的距离，人们行动的动机就会得到维持和加强，就会自觉地克服一切困难，努力到达目标。

这个道理同样在企业管理中适用，有了明确、具体的目标，不管工作进行到哪一个阶段，也不管在实现目标的过程中遇到了什么困难，都能确保团队成员及时调整自己的工作状态、努力程度，团结一心始终朝着既定的目标前进。

企业诊断，在于发现管理中的问题及其产生的主要原因，并在实施股权激励时提出具体的改善方案，对症治理；预防问题和弊病的产生，以防患于未然，保证企业正常运转；改善经营管理，增强企业市场竞争力，提高经济效益。

入世——“风水”轮转，股权起风

实施股权激励计划，具有清晰的股权结构是前提。企业有必要在初创时期就做好股权布局，以防为日后产生纷争埋下隐患，比如同室操戈的“西少爷”、一夜分家的“泡面吧”、劳燕分飞的“罗辑思维”、对簿公堂的“真功夫”等，这些企业都因股权布局的问题，导致企业发展受阻，甚至土崩瓦解。

资本时代，股权布局的意义主要体现在以下几个方面：明晰合伙人之间的权、责、利；有助于维护创业团队稳定；有助于确保创业团队在未来融资时对公司控制权的把握；清晰、稳定的股权结构有助于企业进入任何资本市场。

2.1 股权布局，生死蝶变

股权布局是指公司股东的构成，和各股东持股的比例。由于持股比例不同代表着股东所能享有的权利有别，由此延伸出绝对控股权、相对控股权、一票否决权、临时会议权。只有做好股权的统筹布局，才能在做股权激励、激励内部员工，或者进行外部融资时有效地保护股东的权益、体现股权的价值。

2.1.1 股权

股权即股份持有者所具有的与其拥有的股份比例相应的权益及承担一定责任的权利。股权之所以重要，从本质上来讲，是因为股权代表一定的权利。

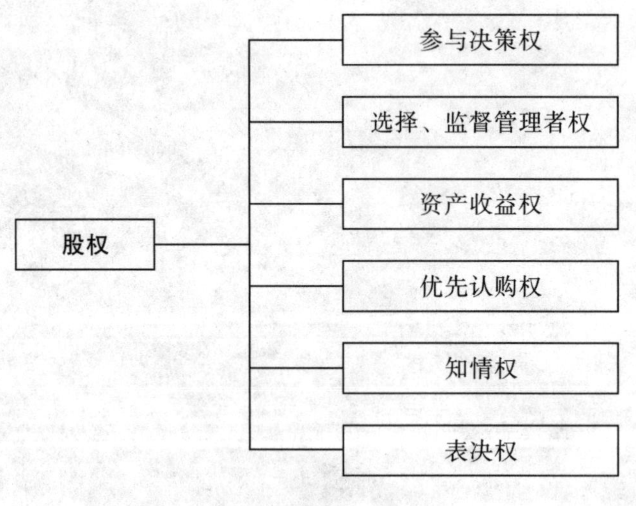

图 2－1　股权的内容

根据《中华人民共和国公司法》（以下简称《公司法》）规定，股份持有者拥有六大权利（见图2－1）。

1．参与决策权

决策权是股东权利的一项核心内容，其依据是股东投入公司资本额。包括决定公司的经营方针和投资计划；选举和更换非由职工代表担任的董事、监事，决定有关董事、监事的报酬事项；审议批准董事会的报告；审议批准监事会或者监事的报告；审议批准公司的年度财务预算方案、决算方案；审议批准公司的利润分配方案和弥补亏损方案；对公司增加或者减少注册资本做出决议；对发行公司债券做出决议；对公司合并、分立、解散、清算或变更公司形式做出决议；修改公司章程等。

持股比例的多少，决定了决策参与程度和影响力的大小。

2．表决权

股东表决权，又称股东议决权，是指股东基于股东地位享有的就股东会、股东大会的议案做出一定意思表示的权利，分为普通表决权和特别表决权，是股东权利的主要体现，也是和股利分配请求权一样的股东核心权利。

3．选择、监督管理者权

股东会是公司的权力机构，决定公司的重大事项，将经营权授予董事会和董事会聘任的经理，有权选择、监督、更换管理者。

4．资产收益权

《公司法》规定：公司分配当年税后利润时，应当提取利润的10%列入公司法定公积金，并提取利润的5%～10%列入公司法定公益金。公司法定公积金累计额为公司注册资本的50%以上的，可不再提取。公司的法定公积金不足以弥补上一年度公司亏损的，在依照前款规定提取法定公积金和法定公益金之前，应当先用当年利润弥补亏损。公司在从税后利润中提取法定公积金后，经股东会决议，可以提取任意公积金。公司弥补亏损和提取公积金、法定公益金后所余利润，有限责任公司按照股东的出资比例分配，股份有限公司按照股东持有的股份比例分配。因此，股东有获得资产收益的权利。

5. **知情权**

股东有权查阅公司章程、股东名册、公司债券存根、股东大会会议记录、董事会会议决议、监事会会议决议、财务会计报告，对公司的经营提出建议或者质询。

6. **优先受让和认购新股权**

股东持有的股份可以依法转让，经股东同意转让的出资，在同等条件下，其他股东对该出资有优先购买权。公司新增资本时，股东有权优先按照实缴的出资比例认缴出资。

2.1.2 股权布局的四条“生死线”

股权布局有绝对控股权、相对控股权、一票否决权、临时会议权四条“生死线”（见图2-2），所代表的权利大小也不同。

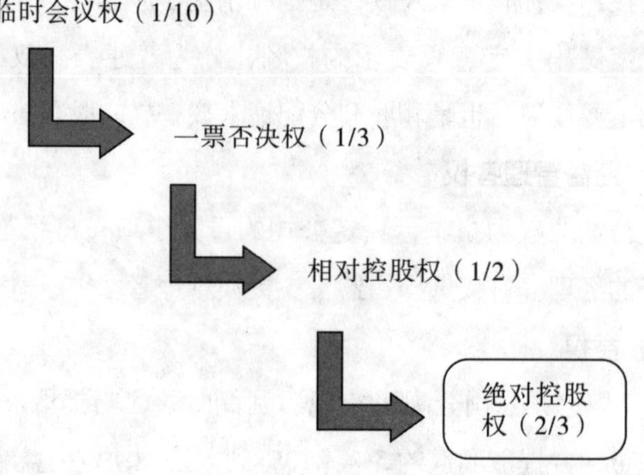

图2-2 股权的四条“生死线”

根据《公司法》规定，不同的持股比例拥有不同的权利（见表2-1）。

表 2－1　《公司法》中不同持股比例拥有的权利

公司股权比例	股东可以行使的权利
1%	董事、监事、高级管理人员执行公司职务时违反法律、行政法规或者公司章程的规定，给公司造成损失的，有限责任公司的股东、股份有限公司连续180日以上单独或者合计持有公司1%以上股份的股东，可以书面请求监事会或者不设监事会的有限责任公司的监事向人民法院提起诉讼。
3%	单独或者合计持有公司3%以上股份的股东，可以在股东大会召开10日前提出临时提案并书面提交董事会。
10%	有限责任公司股东会会议由董事会召集，董事长主持；董事会或者执行董事不能履行或者不履行召集股东会会议职责的，由监事会或者不设监事会的公司的监事召集和主持；监事会或者监事不召集和主持的，代表1/10以上表决权的股东可以自行召集和主持。
	有限责任公司股东会临时会议可以由代表1/10以上表决权的股东提议召开。
	股份有限公司股东大会会议由董事会召集，董事长主持；董事会不能履行或者不履行召集股东大会会议职责的，监事会应当及时召集和主持；监事会不召集和主持的，连续90日以上单独或者合计持有公司10%以上股份的股东可以自行召集和主持。
	代表1/10以上表决权的股东、1/3以上董事或者监事会，可以提议召开董事会临时会议。
	公司经营管理发生严重困难，继续存续会使股东利益受到重大损失，通过其他途径不能解决的，持有公司全部股东表决权10%以上的股东，可以请求人民法院解散公司。

（续表）

公司股权比例	股东可以行使的权利
1/2	股东大会做出决议，必须经出席会议的股东所持表决权过半数通过。
	为公司股东或者实际控制人提供担保的，必须由股东会或者股东大会决议。上述股东或者受实际控制人支配的股东，不得参加此项表决。该项表决由出席会议的其他股东所持表决权的过半数通过。
	创立大会应有代表股份总数过半数的发起人、认股人出席，方可举行。
2/3	会议做出修改公司章程、增加或者减少注册资本的决议，以及公司合并、分立、解散或者变更公司形式的决议，必须经代表2/3以上表决权的股东通过。
	上市公司在1年内购买、出售重大资产或者担保金额超过公司资产总额30%的，应当由股东大会做出决议，并经出席会议的股东所持表决权的2/3以上通过。
	公司营业期限届满或解散事由出现，公司修改公司章程使公司存续。

由此可见，股权比例的四条“生死线”分别代表不同的意义。

（1）重大决策线（2/3以上）：决定公司所有事务和上市公司重大资产处置。

（2）重大事务表决线（1/2以上）：通过普通决议及担保决议，决定公司除解散、分立、合并、增减资、变更形式以外的重大事务。

（3）一票否决线（1/3以上）：如果某一股东的股份为33.33%以上时，那么其他股东的股份加起来也不会达到66.7%，所以只要这一个股东投反对票，就决定了某些股东会决议无法通过，这就相当于“一票否决权”，可以否决某项决议。

（4）临时会议权线（1/10以上）：提请召开临时股东会、临时董事会。

只有股东的持股比例达到一定条件时，上述这些权利的大门才会向你打开，统筹布局，合理运用，才能让手中的“武器”更好地去影响公司，更好地保护自己，股权的价值才能得以体现。

2.1.3　不同阶段的股权布局

企业发展分为初创期、成长期、扩张期、成熟期四个阶段，在每阶段做好战略性的股权统筹规划，有助于企业逐步走向规范化，畅通运行（见图2－3）。

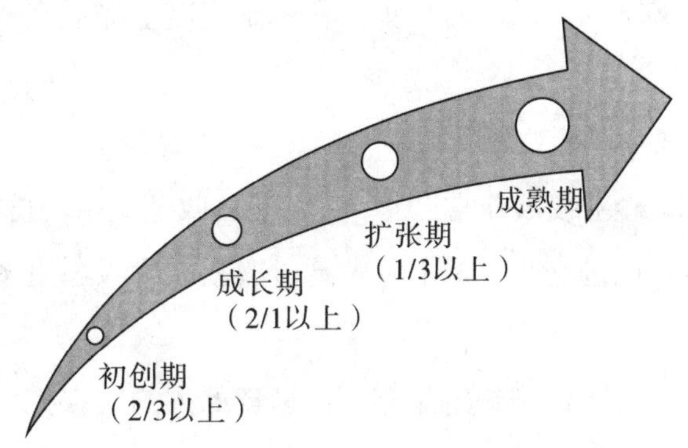

图2－3　企业发展各阶段的股权策略

1. **初创期**

处于初创期的公司，一般实力较弱，存在治理结构不完善、资金短缺、资源不足、人才匮乏、开拓市场较为吃力等问题，很多事情需要老板亲力亲为。

为了吸引和留住人才，获取企业发展资金，采用股权激励方式是一个不错的途径。但因为这个时候的企业管理者往往还不够成熟，无法独当一面，此时最好采取进攻型统筹策略，确保公司创始人股份在67%以上，以保证绝对控股权，在未来融资、兼并、重组、解散、修改公司章程、改变经营方向等重大事件上，可放可收，可进可退，以便顺利贯彻相关政策，确保企业运行畅通。

2. **发展期**

处于发展期的企业，业务增长迅速，治理模式已初具雏形，公司逐步走向规范化，老板逐步将经营管理的权力下放，企业进入良性循环状态。此时，老板不需事必躬亲，可以抽出身来，重点进行企业未来的战略规划，以及选拔、培养、招聘中高层管理人才，建立和健全企业文化。

这个时候可以考虑将股份再次释放一些，授予中高层核心管理人员，让他们从小股东慢慢变大，逐步成为公司的核心股东。但创始人持有的股份最好大于二分之一，获得相对控股地位，无论是以后面对外围股东的牵制，还是上市后的股权稀释都可以应对自如，在一定程度上降低企业控制权旁落的风险。

3. 扩张期

进入扩张期，企业发展非常迅速，无论是营收还是市场份额都急速提高，这个时候，企业可以进一步释放股权，通过股权激励吸引更多优秀的人才加入，以及新的资本注入。

但此时最好采取防御型统筹策略，保证创始人的股权控制在三分之一以上。因为，拥有的股权超过三分之一代表着对企业的重大事件具有一票否决权，在是否解散公司、是否同意合并、重组等重大事件上，创始人拥有三分之一的股份，便意味着可以对此事进行否决，以保证企业的安全。

例如，在国美股权之争中，黄光裕一方持股比例达 35. 76%，在投票撤销陈晓董事局主席职务、取消增发股份授权等 5 项决议中，占据优势，而对以陈晓为代表的国美董事会而言，必须获得至少对等股权——35. 7% 的支持，才有可能否决掉黄光裕一方提出的罢免陈晓董事会主席等 5 项决议。

4. 成熟期

随着企业继续发展，公司逐步走向成熟，发展稳定，各项规章制度和激励机制都能充分发挥作用；中高层管理人员流动性较小，实行职业经理人考核机制，所有权和经营权分离；企业财务状况改观，现金流增加，有的企业开始准备冲击 IPO。

这个时候，创始人即使仅仅持有 5% 的股份，控制权也不会旁落，因为企业已经实现了公众治理。比如，在公司的章程中，制定一些保护创始人或者大股东核心利益的条款，如双层股权架构、董事提名权、一致行动协议等。引入高端法务及决策分析师，一旦你的企业做出一个重大决策，法务会立刻出具一个分析报告，就这个决策对股东盟约、股东利益、企业发展的影响进行剖析。如果产生的效果是负面的，影响到股东利益，股东就会施加压力，或者联合其他股东，来给职业经理人施加压力，促使其郑重考虑股东的利益。

2.2 股权结构，存亡之道

股权结构是指公司总股本中，不同股东所持股份比例及其相互关系。股权结构是公司治理的基础，企业具有什么样的股权结构，对企业的类型、组织形态以及发展状况都具有重大意义。因此我们应该考虑股权结构各个组成部分的变动趋势。

目前，常见的股权结构有以下四种（见图2－4）。

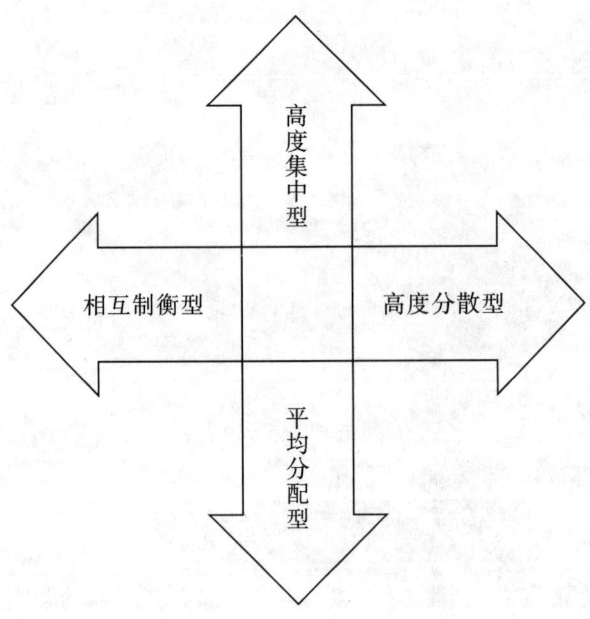

图2－4　股权结构的四种类型

2.2.1 高度集中型

高度集中型股权结构类似于一股独大，是指最大股东将公司的大部分股份，超过50%都集中在自己手中，对公司事务拥有绝对的话语权，包括公司合并、分立、上市、修改章程、主营业务变更等重大事项。

表面上来看，这种股权结构有利于快速决策，但其性质和“一言堂”的家长式管理模式并无差别，公司董事会、监事会和股东会形同虚设，小股东的投票对公司的治理几乎起不到任何约束作用，企业的经营管理都由一个人说了算，缺乏制衡机制，很容易将企业行为与大股东个人行为混同，从而导致决策失误，资金运用不透明，增大企业经营风险。另外，这种高度集中的股权结构不利于上市，因为控股股东有可能利用其控制权侵害中小股东和上市公司的利益，产生所谓的“隧道效应”。即公司控股股东利用关联交易等手段挖掘利益输送的“隧道”，从上市公司转移资金或资产，甚至将上市公司当作“提款机”或“抽血”工具，从而使上市公司以及广大中小股东的利益受损。

2015 年，曾被舆论推为最火的自媒体之一、在优酷上的总播放量达到7050 多万次、微信公众号订阅数达 110 多万、有近 3 万名会员贡献了近千万

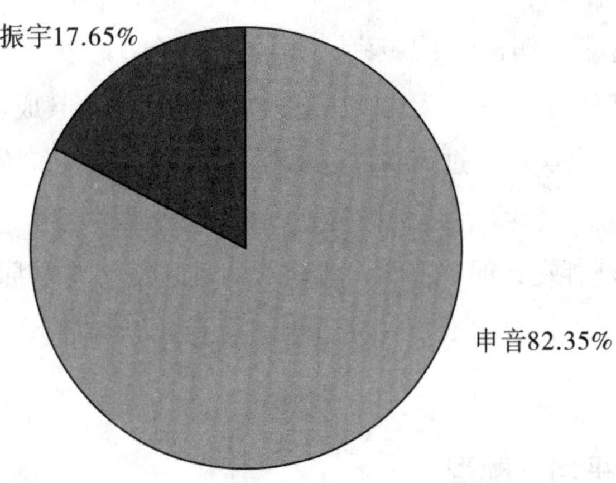

图 2－5　“罗辑思维”最初的股权机构

元会费收入、估值高达1亿元的“罗辑思维”突然宣告散伙，让业界唏嘘不已。对于其散伙原因，其中没有布局好股权结构就“开干”非常致命。

从工商登记资料来看，该公司的大股东为申音，拥有超过公司82%的股份，可谓高度集权，而另一股东罗振宇所拥有的股份不到18%（见图2-5）。从持股比例来看，申音对公司事务拥有绝对的话语权，罗振宇仅为申音打工，这似乎违背罗振宇所倡导的“自由人的自由联合”精神。后期，公司的项目核心人变成了罗振宇，而这个明显不合理的股权结构，则为双方分道扬镳埋下了隐患。

2.2.2 高度分散型

高度分散型股权结构又称团队博弈型股权结构，是指公司所有权与经营权分离，股权分散在大量小股东手中，且持股比例相差不大，单个股东所持股份的比例大都在10%左右，没有核心大股东。

高度集中的股权结构固然有其弊端，但过度分散的股权结构也同样问题重重。从高度集中到过度分散，很有可能是从一个极端走到另一个极端。看似相互制衡的股权结构，但实际上因为大量小股东的存在，容易引发公司管理层道德危机，使公司各项决策变得异常复杂，公司大量的时间和精力消耗在股东之间的相互博弈中。而每个股东由于拥有的股份很少，往往会产生“搭便车”的心理，即自己不愿花大力气去关心企业的发展，监督职业经理人的行为，而希望别的股东花大力气去这样做，自己坐享其成。

以美国为例，美国超过50%的公众公司，其最大股东持有的公司股份常常低于公司总股份的5%，这种极度分散的股权结构事实上造就了“内部人控制”现象的广泛存在，即筹资权、投资权、人事权等都掌握在公司经营者手中，即内部人手中，股东很难对其行为进行有效的监督，成为经理中心主义的典型。

2.2.3 平均分配型

平均分配型可谓是最差的股权结构，比如50%:50%。因为大股东之间的股权比例相同或非常接近，没有其他小股东或者其他小股东的股权比例极低，一旦出现意见分歧，很可能形成股东会僵局，无法实现有效决策。另外，在实际经营中，每个股东对公司的贡献是不同的，如果股权均分，最终导致的结果就是公司控制权与利益索取权失衡，为未来的利益分配埋下隐患。

“海底捞”最初就是这种结构，两家人各占 50% 的股份。但随着企业的发展，创始人之一的张勇逐渐成为公司领袖，重大决策几乎都由其拍板决定。在这种情况下，原来的股权结构明显不合理，加之另外 3 个股东跟不上企业发展的步伐，张勇便毫不留情地先后让他们离开企业管理层，只做股东。而在 2007 年“海底捞”步入快速发展期后，张勇又以原始出资额的价格，从另一对夫妇手中回购了 18% 的股权，最终彻底打破了原先均分的股权结构，形成了张勇是核心股东的事实。

2.2.4 相互制衡型

相互制衡型股权结构是指公司拥有一个较大的相对控股股东，同时还拥有其他大股东，持股比例在 10% 到 50% 之间，共同形成制衡关系。

比如阿里巴巴在 IPO 前后的股权结构（见表 2－2、图 2－6、图 2－7）。

表 2－2 阿里巴巴 IPO 前后的股权结构对比表

姓名	IPO 前持股比例	IPO 后持股比例
马云	8.9%	7.8%
蔡崇信	3.6%	3.2%
雅虎	22.6%	15.56%
软银	34.4%	32.4%
其他	30.5%	41.04%
总股数	23.64 亿股	25.13 亿股

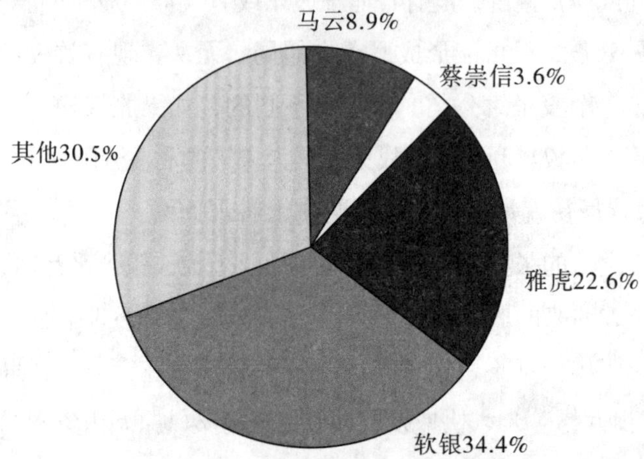

图 2－6　阿里巴巴 IPO 前的股权结构

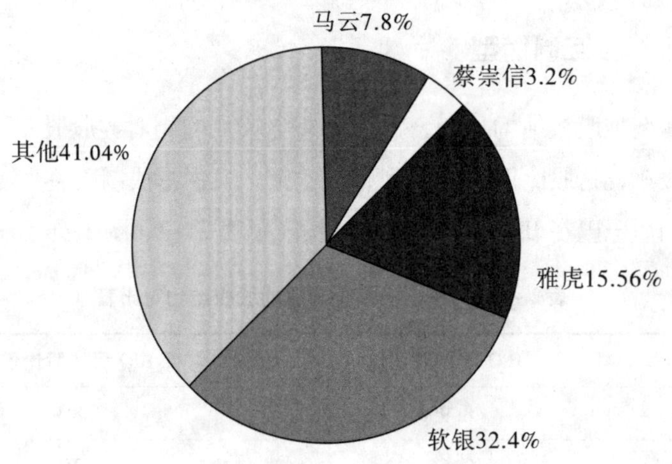

图 2－7　阿里巴巴 IPO 后的股权结构

从上面的图表不难看出，无论是 IPO 前还是 IPO 后，阿里巴巴都有一个相对控股股东，即软银，同时还拥有其他大股东，如雅虎、以马云为代表的阿里创始团队等，没有哪个股东具有绝对控制权，同时也不存在大量的小股权干扰股东会决策，是一种比较合理的股权结构。

“暴风科技”也是这种股权结构（见图 2－8），截至 2015 年 1 月 31 日，冯鑫为公司 CEO，持股 28.4%，拥有较大相对控制权。和谐成长持股

10.89%，为第二大股东；青鸟金石持股5.8%；韦婵媛等公司董事及高管持股5.8%；天津伍通、华为投资等机构投资者持股30.35%。从股权结构上看，暴风科技的股权结构形成了一种相互制约机制。

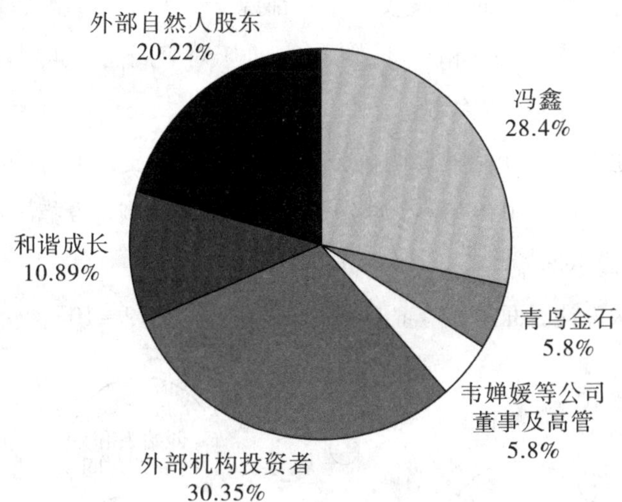

图2-8　截至2015年1月31日暴风科技股权结构

股权结构设计，我们需要把握以下几个原则（见图2-9）。

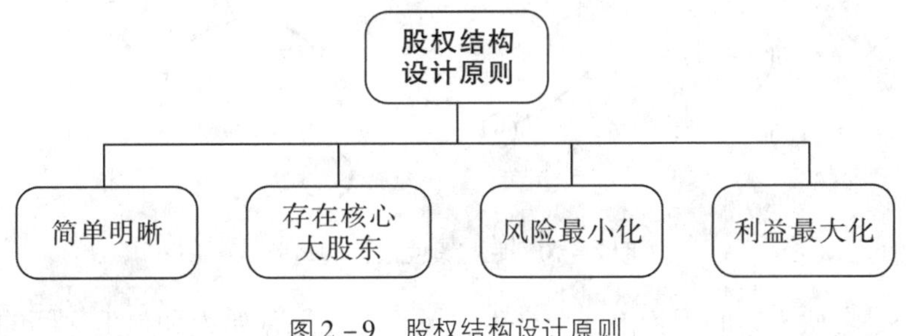

图2-9　股权结构设计原则

1. **简单明晰**

“明晰”是指股权结构清晰明了，不存在过多隐名股东、交叉持股、期权池等。“简单”是指股东人数不要太多，初创公司最科学的配置是3个人，这样在沟通方面会有缓冲地带，有助于维护公司和创业团队稳定。

2. 存在核心大股东

确保核心大股东的地位，包括在股东会拥有的表决权和对公司的控制力。

大股东不清晰，企业股权分配没法继续，即使继续下去，也容易为日后的股权纠纷埋下隐患。很多股权纠纷，都源于大股东不清晰，例如真功夫，蔡达标和潘宇海持股50%和47%，一直都处于对等局面，遇到意见分歧时无法集中决策，很容易产生纠纷。

创始企业，从一开始就要明确公司的核心股东及其拥有的核心控制权，以便在公司发展过程中，有一个对公司的经营决策起到重要指导作用的人。

3. 风险最小化

股权结构设计层面的风险主要有三个方面（见图2－10）。

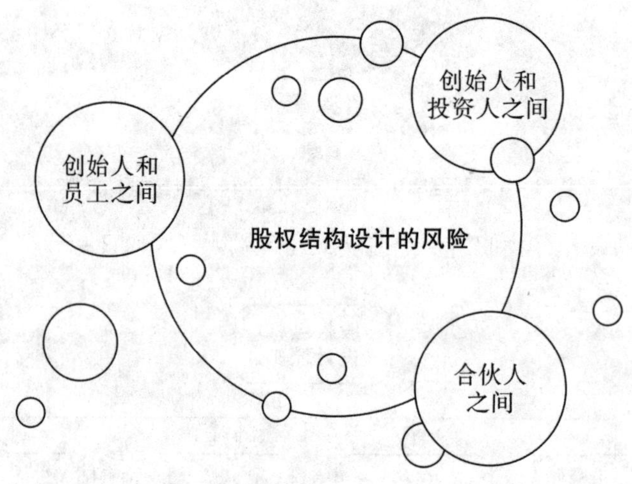

图2－10　股权设立层面的风险

一是合伙人之间因为内讧而产生的风险。二是创始人和员工之间的风险。对企业来说优秀的人才是最宝贵的财富和资源，很多时候，要想留住这些人才，只能通过股权激励的方式，授予核心人才股份。如果处理不好，就可能产生矛盾。三是创始人和投资人之间的风险。牵扯到未来融资，必然要稀释创始人的股份，这一点在设计股权结构时，就要事先考虑到。

4．利益最大化

股权结构设计的第四个原则就是利益最大化。比如，考虑到国内外公司上市的不同要求，是采用 BVI 还是 VIE；考虑到控制权归集，是否需要设置持股平台；考虑到税收问题，又该要如何设计。

股权结构是一个弹性可塑的动态交互模式，创始人应充分考虑公司的现有价值、发展方向、经营状况、股权激励计划和未来的融资需求以及出资人价值、投资额、收益兑现等因素，在进行深入分析后做统筹规划，并根据公司的发展变化及合伙人变动等实时调整股权架构，让其更好地适应发展节奏。

2.3 家族企业，优化股权结构，为更好“备忘”

家族企业是指资本或股份主要控制在家族成员的手中，由家族成员出任企业主要领导职务的企业。作为世界上最具普遍意义的企业组织形态，家族企业在世界经济中有着举足轻重的地位，美国学者克林·盖尔西克认为：“即使最保守估计，家庭所有或经营的企业在全世界企业中占65%到80%之间，世界500强企业中有40%由家庭所有或经营。”

以下为2015年全球家族企业前25名的情况（见表2－3）。

表2－3　2015年全球家族企业前25名列表

序号	所属家族	企业名称	年营收（亿美元）	雇员人数
1	美国沃尔顿家族	沃尔玛	4,763	2,200,000
2	德国保时捷家族（Porsche Family）	大众（Volkswagen）	2,616	572,800
3	美国巴菲特家族（Buffett Family）	伯克希尔－哈撒韦公司（Berkshire Hathaway）	1,822	330,745
4	意大利阿涅利家族（Agnelli Family）	EXOR集团	1,511	301,441
5	美国福特家族（Ford Family）	福特（Ford）	1,469	181,000

（续表）

序号	所属家族	企业名称	年营收（亿美元）	雇员人数
6	美国卡吉尔－麦克米伦家族（Cargill – MacMillan Family）	嘉吉（Cargill）	1,367	143,000
7	美国科赫家族（Koch Family）	科氏工业（Koch Industries）	1,150	100,000
8	德国科万特家族（Quandt Family）	BMW	1,010	110,351
9	德国施瓦茨家族（Schwarz Family）	施瓦茨集团（Schwarz Gruppe）	894	335,000
10	法国穆里耶兹家族（Mulliez Family）	欧尚集团（Groupe Auchan）	855	302,500
11	卢森堡米塔尔家族（Mittal Family）	安赛乐米塔尔（Arcelor – Mittal）	794	232,000
12	荷兰刘易斯－德雷弗斯家族（Louis Dreyfus Family）	路易达孚控股（Louis Dreyfus Holding）	743	36,306
13	印度安巴尼家族（Ambani Family）	信实工业（Reliance Industries）	720	23,853
14	法国标致家族（Peugeot Family）	标致（Peugeot）	718	207,287
15	美国罗伯茨家族（Roberts Family）	康卡斯特（Comcast）	647	136,000
16	法国纳乌里家族（Naouri Family）	佳喜乐集团（Casino Guichard – Perrachon）	646	329,355
17	墨西哥卡洛斯斯利姆家族（Carlos Slim Family）	美洲电信（America Móvil）	616	163,524

（续表）

序号	所属家族	企业名称	年营收（亿美元）	雇员人数
18	巴西莫雷拉·萨勒斯家族（Moreira Salles Family）	伊塔乌联合银行（Itaú Unibanco）	570	95,696
19	美国 Long&Foster 家族	荣富地产公司（The Long&Foster Companies）	560	11,500
20	瑞士霍夫曼－罗氏家族（Hoffman－Roche Family）	罗氏集团（Roche）	505	85,080
21	美国邓肯家族（Duncan Family）	企业产品合伙公司（Enterprise Products Partnership）	477	6,600
22	丹麦穆勒家族（Moller Family）	AP 穆勒/马士基集团（AP Moeller/Maersk Group）	474	88,909
23	德国舍弗勒家族（Schaeffler Family）	大陆集团（Continental）	443	177,762
24	巴西巴蒂斯塔家族（Batista Family）	JBS	432	142,000
25	法国阿诺特家族（Arnault Family）	克里斯汀·迪奥（Christian Dior）	420	117,806

在中国著名的家族企业，如：李嘉诚家族的和记黄埔；何享健家族的美的集团；杨惠妍家族的碧桂园；刘永行、刘永好兄弟的新希望集团；张桂平、张近东兄弟的苏宁电器；荣氏家族的荣氏集团；等等。

作为一种制度安排，家族企业将股权高度集中在家族成员手中，以血缘、亲缘为纽带结成一个小团体，方便内部成员间的沟通交流，降低信息不对称和成员间的协调成本。同时，各成员对家族有高度的认同感和一体感，使得家族成员为家族企业工作都是“各尽所能、各取所需”，不计较自己付出的劳动和获得的报酬、是否处于合理的股权比例关系，从而使企业成员间的协调费用大大降低。

但随着市场变革速度加快，现代企业制度盛行，这种完全由家族成员掌控的股权结构的弊端就显现出来了：家庭地位与股东地位不符；管理决策权与利益索取权失衡；内部监督制度缺乏……如廖创兴企业、九牧王、真功夫、远东皮革、新鸿基地产、土豆网、谢瑞麟、天健集团等，都曾因家族企业股权结构不合理而产生过纠纷，导致企业业绩受损。因此，优化股权结构，实现个人、企业、家族的顺利传承，为更好的未来“备忘”，已成为越来越多家族企业的共识与选择。

具体来说，我们可以从以下几个方面出发，思考家族企业的股权结构优化（见图2-11）的问题。

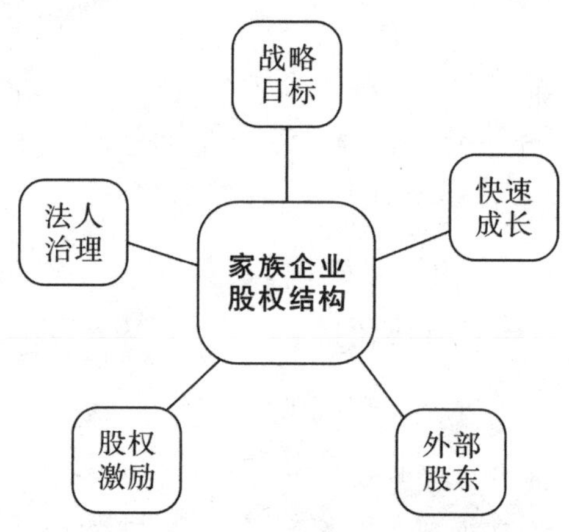

图2-11　家族企业的股权结构优化

1. 从未来的战略规划出发审视历史股权结构

在股权结构变革过程中，很多历史遗留问题会被重新翻到台面上。如家族股东创业过程中股权、投入和收益公平性问题；家族股东对家族企业的功劳与过错；历史上对股东的股权赠予；企业与家族事务相互混淆，边界不清，家务事的恩怨掺杂到企业经营事务中；等等。

这时候，就需要从战略的高度来分析、审视这些问题：这种高度集权的股权结构是否适合企业的战略需求？最适合领导家族企业实现战略目标的领军人物是谁？如果未来5年第一要务是上市，那么，谁能堪当此任？最合适的大股东人选、董事长人选又是谁？

2．以快速成长为导向优化股权结构

优化股权结构的最终目的是实现企业的快速成长和市值扩大，不妨采取以下措施，让家族企业的决策更加迅速：

董事会席位不必过多，5～7席为宜，减少董事会层面相互制衡对快速成长的负面拉动作用。

大股东意志通过董事会清晰传达到经营层，在顶层设计、管理体系层面保证打造一个“快公司”。

只有通过快速成长，做大市值，原始股东才会在稀释股权、转让股权、优化股权结构等问题上展望未来、达成共识。以日本松下电器公司为例，公司在发展过程中松下幸之助个人股权比例不断被稀释和下降，从企业创立之初的100%下降到1950年的43%，1955年的20%，而1975年更猛降到2.9%，使松下企业的发展突破了个人和家族的局限，保证了企业的持续稳定发展。

3．引入外部股东优化股权结构

家族企业普遍在财务体系、治理结构等环节不透明、不规范，引进外部股东，给外部股东一定的话语权，让其通过董事会参与公司治理，可以实现以增量带动存量，用新血液涤荡旧风气，优化股权结构，改善财务体系、管理理念、治理结构等。比如引进外部战略投资者，除了能解决资金困境，其强烈的“企业家精神”，也往往会促使“一言堂”的家长式管理模式做出变革。

比如，李维公司的老板是家族成员，也是公司创始人的后代，但他们的总裁兼总经理却是一位非家族成员的行业顶尖专业人士。

引入外部股东和家族以外的非核心层人员共享企业的产权、剩余索取权及经营管理权，使一部分低素质的核心层人员从重要的经营管理岗位退下来，把权力交给专业的管理人员，有利于实现家族企业的内部变革，形成适应现代企业发展的股权结构。

4．实施股权激励优化股权结构

实施股权激励计划，有助于优化家族企业的股权结构。如对中高层管理者、核心员工实行股权激励，通过出让股权稀释大股东的股份，使高度集权的股权结构向相互制衡的股权结构转变，同时也吸引和锁定一批业界精英，共同完成企业战略目标。

5．构建法人治理制度优化股权结构

用管理机制代替治理结构，是家族企业常见的体制性问题。很多家族企业的治理结构中尽管设置了董事会，但由于股权高度集中，董事会由大股东控制，形同虚设。而且组织中存在家族文化，使家族企业决策人在管理实践的过程中，常常自觉或不自觉地用“操纵”代替“管理控制”，各项规章制度及标准的制定、执行都缺乏公开公平，造成决策透明度低、内部风险控制机制缺乏、企业外部对家族企业的监督严重缺失、治理结构失衡。

因此，有必要规范公司的治理结构，建立一个由股东、董事会和企业高层经理人员构成的组织，相互之间形成制衡关系。如股东将自己的资产交由董事会托管，董事会作为家族企业最高决策机构，其拥有对高层经理人员的聘任、解雇以及奖罚权。高层经理人员受雇于董事会，并在董事会授权范围内管理企业，家族对外聘的高层人员要按章程赋予职权。重大的决策由董事会集体做出，家长或其他家族成员都不能越权，不仅不能直接对企业经营活动任意干预，也不能越过董事会干扰总经理的管理工作。家族企业聘来的总经理不是对家长或某个家族成员负责，而是向董事会负责。董事会还可以引进适当比例的外部董事或独立董事，以避免内部人的控制出现。

2.4 "泡面吧"股权纠纷，一个未来之星的"中国式陨落"

在签署风险投资协议前夜，趣味编程教育网站"泡面吧"的三个创业合伙人因为股权之争最终决裂，一个冉冉升起的未来之星遭遇了"中国式陨落"。

2012 年 1 月，"泡面吧"创始人俞昊然申请注册"paomianba. com"域名，同年 4 月构思完成"泡面吧"项目的创意，即一家面向中文用户，采用伴随式教育的概念，让用户可以像泡面一样更高效、更主动地进行学习的在线教育平台。同年 12 月，俞昊然设计"泡面吧"商标，并邀请其在美国伊利诺伊大学香槟分校的学弟参与"泡面吧"早期版本的开发。

随后，按照项目开发需要，俞昊然陆续邀请了严霁玥、王冲加入团队，其中，严霁玥负责人力资源、财务、法务、行政工作，王冲负责内容开发者关系维护与融资工作中的投资者关系维护。

2013 年年底，"泡面吧"引入天使投资英诺天使基金，融资 100 万元，同时，成立了众学致一网络科技（北京）有限责任公司，"泡面吧"正式推出，俞昊然、王冲、严霁玥为联合创始人。

在公司成立之初到成立之后的很长一段时间内，俞昊然因为要在美国上学，无暇顾及公司事务，也未被告知公司股权结构、注册资本。2014 年 6 月，俞昊然委托律师向工商登记主管部门查询才得知，公司登记成立时，股权结构为：王冲持有 65% 股份；严霁玥持有 10% 股份；自己持有 25% 的股份（见图 2 – 12）。

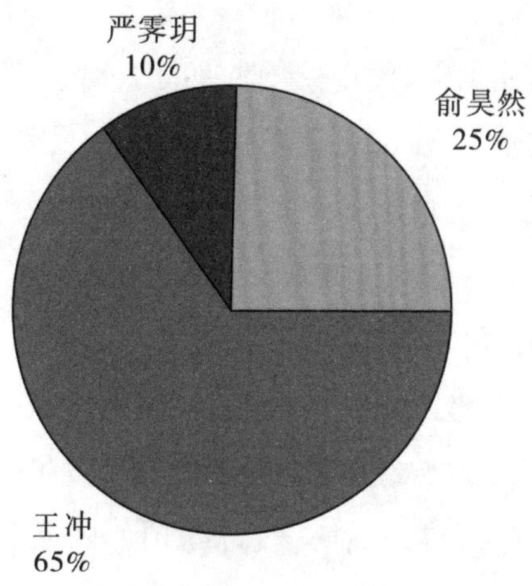

图 2－12 “泡面吧”初始股权结构

一直以来，俞昊然都认为自己是“泡面吧”当仁不让的“老大”，应该持有公司最大的股份，但看到一切并不是自己想象的那样，他感觉自己的主导权被剥夺，开始对合伙人王冲产生怀疑。

按照王冲的解释，引进天使投资时，因为天使投资人要求有一个绝对控股股东，并全职工作，而俞昊然要在美国留学，大家为了能够成功融资，同意这样的股权分割方案，他做大股东。之后，进行新的融资时，先稀释王冲的股份，直到股份比俞昊然高 1% 时，再同时稀释两人股份，一直到与严霁玥的股份接近。最终的结果是，三人股份大致相当。

俞昊然的说法却截然不同，他介绍道，在引进天使投资之前，他与王冲曾口头约定，为满足天使投资人要求，王冲暂为第一大股东，等天使资金入账之后，两人股份对调。出于信任对方，两人并未将这些约定记录成文字。

这样基于相互信任的口头协议，最后却让双方互不信任。

2014 年 6 月 17 日，“泡面吧”A 轮融资走到了最后一步，他们收到了多家投资机构给出的风险投资协议书，俞昊然和王冲等人只需在协议书上签字，将以 20% 的股权出让权，获得超过 200 万美元的 A 轮投资。

但就在对协议条款进行逐条分析时，他们又发生了分歧。俞昊然首先提出质疑：“作为这家公司最早的创始人、核心技术人员，我为什么不能当最大的股东?”并且按照天使投资前的约定，A 轮融资时，他的股份将与王冲的对调，重新成为第一大股东。王冲则提出稀释股权，最后他与俞、严二人股份相当，并坚持自己的股份比俞的多 1%。

双方争执不休，都不肯让步。

之后一周左右的时间里，最初的天使投资人王晟数次找到俞昊然、王冲等人，希望劝和，王冲也做出了较大让步，但最终还是失败了。

实际上，俞昊然和王冲曾经有机会避免这一切发生。

“泡面吧”项目启动之初，俞昊然曾与创始团队拟定了一份“君子协定”，详细规定了每个创业成员的职责、股份、期权，以及公司的 5 年规划、决策机制等，并且专门找律师朋友咨询过，确定没有法律表述问题。

2013 年 5 月 15 日，俞昊然等人开始在这份“君子协定”上相继签字。但是，直到当年 8 月，这份看上去很美好的“君子协定”仍未签完。

“其实当时要把这个签了，可能就不会出现现在这些事情了。”俞昊然有些后悔。

可是世上没有后悔药可卖，这个原本可以形成燎原之势的“星星之火”就此熄灭，也给创业者上了深刻的一课：创业的基础之一是团队和股权结构。但基础靠什么来维系？是感情？在利益冲突出现的时候，感情犹如蚍蜉撼树，苍白而无力。事先设计好股权架构并落实在纸面上，是预防危机、让企业走得更远的上乘之策。

落地——激励方案，八定股权激励法

当前，股权激励方式已经成为世界各国公司激励员工、促进企业长期发展的一种重要手段，但如何让股权激励发挥最大效应，管理者需要从方案设计入手，以股权为核心，考虑股权激励的模式、数量、价格、周期、授予条件等，真正把员工的利益和公司的战略发展结合起来，形成权利和义务相互匹配的所有权、收益权、控制权和管理权关系。

一般来说，股权激励方案包含以下八个要素（见图3-1）。

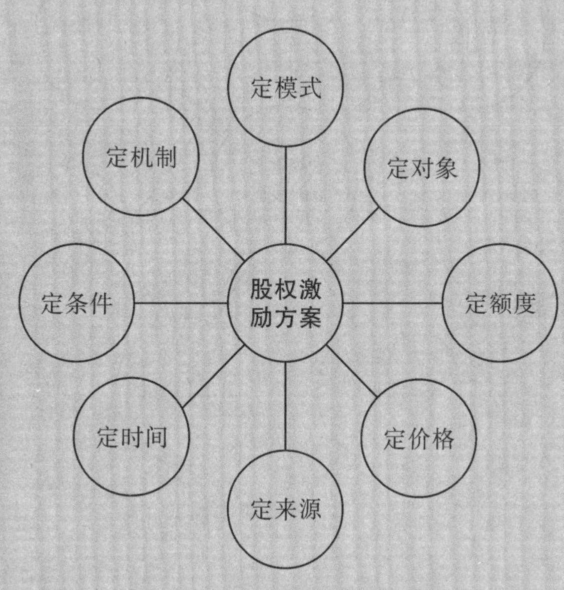

图3-1　股权激励方案八要素

3.1 明确激励模式

随着管理技术的日益精进，股权激励模式也得到了不断创新，但常用的无外乎以下几种：期权、限制性股票、虚拟股权、延期支付、业绩股票、股票增值权、干股等（见图3-2）。

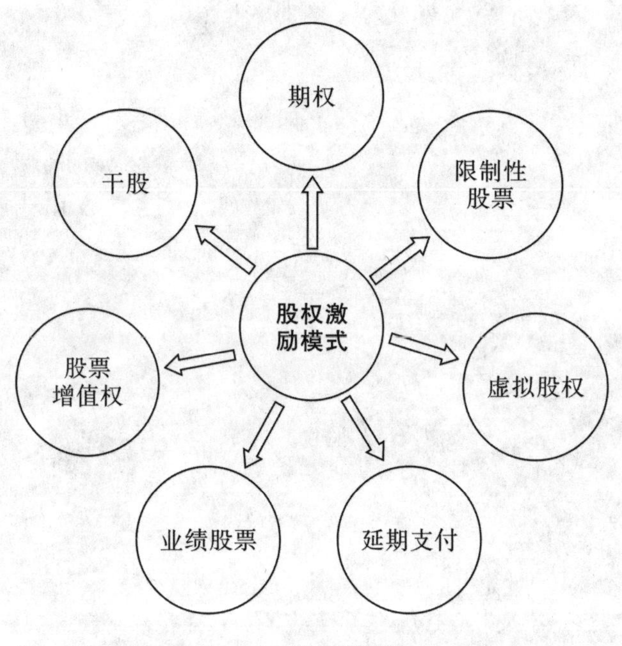

图3-2 股权激励模式

1. 期权

期权是国际上最为经典、使用最为广泛的股权激励模式。是指企业所有者授予激励对象（如高管人员、技术骨干）购买本公司股票的选择权，具有这种选择权的人，可以在规定时期内（锁定期）以事先约定好的价格（行权价）购买公司一定数量的股票（此过程称为行权），也可以放弃购买股票的权利，但股票期权本身不能转让。

2．**限制性股票**

限制性股票是指事先授予激励对象一定数量的公司股票，但对股票的来源、出售条件做出限制，只有在激励对象工作年限或业绩目标符合股权激励计划规定条件后，才可出售限制性股票并从中获益。

限制性股票的特点主要体现在限制条件上，一是获得条件，二是出售条件。但一般来看，出售条件是重点。

3．**虚拟股权**

虚拟股权是指公司模拟股票发行的方式，将公司的净资产分割成若干相同价值的股份，结合企业的经营目标对其定价，是一种形式上的虚拟。被授予虚拟股票的激励对象可以据此享受一定数量的分红权和估价升高收益，但没有所有权和表决权，不能转让和出售，在离开企业时自动失效。

虚拟股权模式具有以下三个特点：

第一，形式上的虚拟化。虚拟股票不同于一般意义上的企业股权，是形式上的虚拟化。公司为了很好地激励核心员工，在公司内部无偿派发一定数量的虚拟股份给公司核心员工，其持有者可以按照虚拟股份的数量，按比例享受公司税后利润的分配。

第二，股东权益的不完整性。获得虚拟股票的激励对象，只能享受到分红收益权，即按照持有虚拟股票的数量，按比例享受公司税后利润分配的权利，而不能享受完整的普通股股东权益，如表决权、分配权等。

第三，无偿性。与购买实有股权或股票不同，虚拟股票由公司无偿赠送或以奖励的方式发放给特定员工，不需员工出资。

4．**延期支付**

延期支付计划，是指公司将激励对象的部分薪酬，例如年度奖金、股权激励收入等按当日公司股票市场价格折算成股票数量，存入公司为管理层人员单独设立的延期支付账户。在既定的期限后或在该激励对象退休以后，再以公司股票的形式或根据期满时的股票市场价格以现金方式支付给激励对象。

5. **业绩股票**

业绩股票是股权激励的一种典型模式，指在年初确定一个科学合理的业绩目标，如果激励对象到年末时达到预定的目标，则公司授予其一定数量的股票或提取一定的奖励基金购买公司股票；如果未能通过业绩考核或出现有损公司的行为、非正常离任等情况，则其未兑现部分的业绩股票将被取消。

业绩股票模式下，股权的转移由激励对象是否达到了事先规定的业绩指标来决定，其特点如下：

第一，激励奖金与利润挂钩。业绩股票激励模式下，激励对象的年度激励奖金建立在公司当年的经营业绩基础之上，直接与当年利润挂钩，公司每年根据高管的表现，提取一定的奖励基金。

第二，按照购买本公司股票方式完成。公司奖励基金的使用是通过按当时的市价从二级市场上购买本公司股票的方式完成。

第三，在行权时间、数量上有限制。持有业绩股票的人员在行权时间、数量上均有一定限制。

第四，强制性。激励对象的激励奖金在一开始就全部或部分转化为本公司的股票，实际上在股票购买上有一定的强制性。

6. **股票增值权**

股票增值权（Stock Appreciation Rights，简称：SARs）是公司给予激励对象的一种权利，获得者可以在规定时间内获得一定数量的股票股价上升所带来的收益，但不拥有这些股票的所有权。

其特点如下：

第一，不拥有实际股权。享有股票增值权的激励对象不实际拥有股票，也不拥有股东表决权、配股权、分红权等。

第二，不能转让和用于担保、偿还债务。由于股票增值权的享有者没有所有权，因此其持有权利不能转让和用于担保、偿还债务等。

第三，股票增值权与股票价格挂钩。每一份股票增值权的收益 = 股票市价 - 授予价格，与股票价格挂钩。

7. **干股**

干股是指以一个有效的赠股协议为前提，股东不必实际出资就能占有公司一定比例股份份额的股份。企业股东无偿赠予股份，被赠予者享有分红权，按照协议获得相应的分红，但不拥有股东资格，不具有对公司的实际控制权，干股协议在一定程度上就是分红协议。

上述模式的优点、缺点、适用对象都不同（见表 3 - 1），企业可以根据实际情况做出选择。对于非上市公司而言，可将股票变通为股份。

表 3 - 1　股权激励模式的优缺点

模式	优点	缺点	适用公司
期权	激励对象持有股份期权得到的是一种选择权，激励对象可以根据具体情况选择行权或不行权，方式更加灵活；股份期权锁定了期权人的风险，持有人不行权就没有任何额外的损失，对激励对象来说更有保障；股份期权是企业赋予经营者的一种选择权，是在不确定的情况下实现的预期收入，企业没有任何现金支出，有利于企业降低成本，以较小的激励成本吸引和留住人才。	管理者可能会为自身利益而使用不法手段抬高股价；激励对象的行权会分散股权，影响到现有股东的权益，可能导致股权和经济纠纷。只有在公司持续、健康发展的情况下，股份价格才会上涨，股份持有人才能获得收益，具有一定风险。	成长性好、具有发展潜力的企业。
限制性股票	无须支付现金，有助于激励对象将精力集中在长期战略，努力完成业绩考核目标。	股票价格的涨跌会直接增加或减少限制性股票的价值，进而影响激励对象的利益；激励对象获得实际股票，享有所有权，会增加公司管理难度。	适合业绩不佳或处于产业调整过程中的企业。

（续表）

模式	优点	缺点	适用公司
虚拟股权	以赠送或奖励方式发放给特定员工，不需员工出资，激励效果更加明显；虚拟股权持有者可以享受企业分红收益权和增值收益权，从而激发他们更多地关注企业经营状况及利润情况，减少道德风险和逆向选择的可能性；操作中，只要拟定一个内部协议就可以，无须工商登记，简单易行；虚拟股权持有者只享受分红权，不享受普通股东的表决权、分配权等，不影响企业的资本总额和股东结构，不影响原股东对企业的控制权，有利于企业的管理；结合经营业绩对其定价，避免了以变化不定的股票价格为标准去衡量公司业绩和激励员工，具有相对的稳定性。	采用虚拟股权激励模式，激励对象可能因考虑分红，减少甚至于不实行企业资本公积金的积累，而过分地关注企业的短期利益；这种模式下的企业分红意愿强烈，导致公司的现金支付压力比较大；虚拟股权并不是实际股权，所以激励力度相对较小，固定人才的作用有限。	适合现金流量充裕的公司。
延期支付	激励对象为了保证自己的利益不受损害，必须勤勉尽责，以免因工作不力或者失职导致企业利益受损，受到减少或取消延期支付收益的惩罚，具有明显的约束作用；延期支付把经营者一部分薪酬转化为股票或股份，且长时间锁定，增加了其退出成本，有利于规避经营者行为短期化；延期支付简单易行，可操作性强；将激励对象的部分薪酬延期支付，一定程度上缓解了企业资金困难问题。	激励对象持有公司股票或股份数量相对较少，难以产生较强的激励力度；由于公司业绩的不确定性，经营者不能及时地把薪酬变现，如果延期期限过长将弱化激励作用。	适合业绩稳定的公司。

（续表）

模式	优点	缺点	适用公司
业绩股票	业绩股票模式下，激励对象为了获得股票形式的激励收益会努力工作，加快实现公司业绩目标，一旦获得股票成为股东后，因为利益捆绑，更会加倍努力地提升公司的业绩，具有双重激励效果；激励对象获得奖励以完成一定的业绩目标为前提，具有较强的约束作用；业绩股票模式对激励对象有严格的业绩目标约束，能形成股东与激励对象双赢的格局，故激励方案较易为股东大会所接受和通过，可操作性，且符合国际惯例，比较规范。	由于公司业绩目标确定的科学性很难保证，可能导致关键人员为获得业绩股票而弄虚作假；激励成本较高，有可能造成公司支付现金的压力。	适合业绩稳定，现金流量充足的公司及其子公司。
股票增值权	股票增值权由于激励对象不获得所有权，操作条件相对宽松，比较容易通过股东会审核；同时，由于行权期一般超过任期，有利于规避激励对象的短期行为；另外，一般无须激励对象支出现金，容易激发员工信心。	公司的现金压力大；股价与激励对象业绩关联不大，激励效果有限；当股价下跌时，可能起不到激励作用。	现金流量充裕且业绩稳定的公司。
干股	干股不牵涉真正股东的股权结构，不会影响股东对公司的控制权；干股风险较小且可控，出现矛盾后不会给公司造成致命伤害；干股操作简单，形式灵活，只需要做一些制度性文件或者和员工签订赠予协议，不需要在章程中体现。	获授者不能获得干股的产权，容易导致短视行为；分红会给企业带来较大的现金压力。	初创企业或现金流量充裕的企业。

3.2 明确激励对象

定对象是指确定股权激励的受益人，也就是确定激励对象的范围。

1. 定对象的原则

确定股权激励需要把握以下三个原则（见图3－3）。

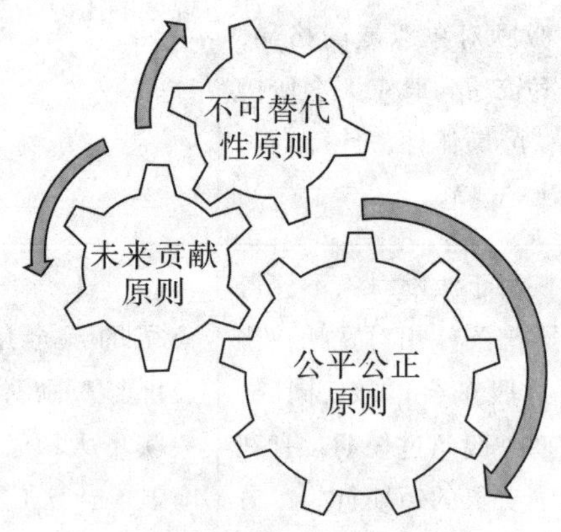

图3－3 激励对象确定的原则

第一，公平公正原则。成为股权激励对象，意味着未来可能获得一笔可观的收益，如果不能公平公正，可能导致公司内部员工情绪对立，不利于公司管理。一般来说，大多数员工都希望成为被授予的对象。因此，在确定激励对象时，一定要坚持公平公正的原则，不掺杂私人感情，不区别对待，在客观评价的基础上，对同等岗位上的员工，给予同样的待遇，如果纳入股权激励计划，应该是该同等岗位上的员工全部纳入。

第二，不可替代性原则。由于股权激励计划授予的股份是有限的，它不可能成为一种人人参与的计划，为了让有限的股份有效地发挥作用，必须限制激励对象的人数。因此，在选择激励对象时，必须把握最重要的一个原则：不可替代性原则。如果一个员工的工作是其他员工无法替代的，这样的人才在现有的人才市场上也很难招募到，或者即使能招募到但需要花费较高的成本来培养，说明该员工具有不可替代性，应该纳入股权激励对象范围。

第三，未来贡献原则。股权激励计划和公司发奖金不一样，公司发奖金，侧重考虑员工的历史成绩，但股权激励主要考虑激励对象对公司未来的贡献。所以，在选择激励对象时，要考虑到激励对象对公司未来发展有可能做出贡献的大小。

2. 确定激励对象的范围

股权激励对象应该是对公司具有战略价值的核心人才，一般来说，包括管理层人员、核心技术人员、有突出贡献人员和优秀员工，同时还要考虑法律限定。

核心人才一般指拥有关键技术、控制关键资源、掌握核心业务、支持企业核心能力，能够帮助企业实现公司战略目标和保持、提高公司的竞争优势，或能够直接帮助主管提高管理业务能力、经营能力和抵御企业管理风险能力的员工（见图3－4），包括高管类、技术类、营销类现有人员和未来需要引进的人员（见图3－5）。

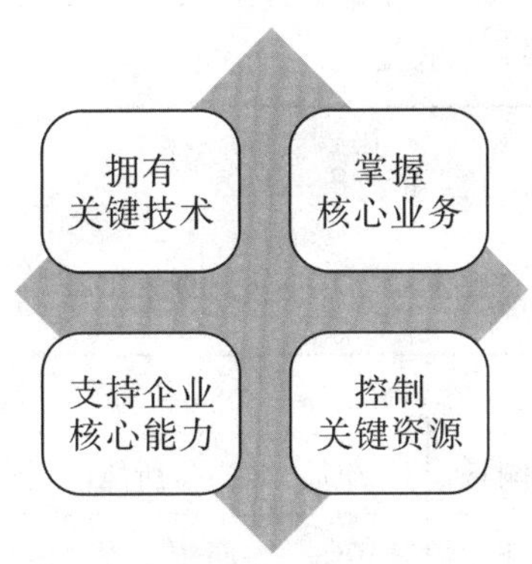

图3－4　股权激励核心人才

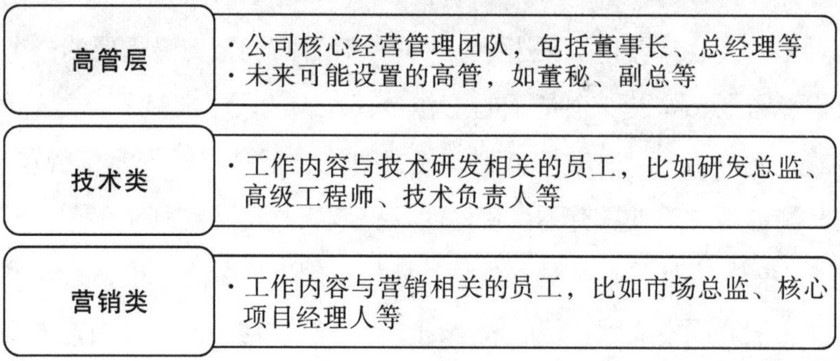

高管层	·公司核心经营管理团队，包括董事长、总经理等 ·未来可能设置的高管，如董秘、副总等
技术类	·工作内容与技术研发相关的员工，比如研发总监、高级工程师、技术负责人等
营销类	·工作内容与营销相关的员工，比如市场总监、核心项目经理人等

图3-5　核心人才范围

在具体实施过程中，我们可以利用人才评价模型，从岗位价值、素质能力、历史贡献三个方面来评测激励对象（见表3-2）。

表3-2　人才评价模型

岗位价值	员工的一部分价值要通过其所处的岗位价值来体现，明确股权激励前提下岗位价值的评估要素，评价岗位的价值，进而评价岗位上的员工的价值。
素质能力	员工素质能力水平的高低，既表示他目前为公司创造的价值，也是对他未来发展潜力的预期。
历史贡献	评测员工对公司的历史贡献，既是对老员工成绩的肯定，又起到为新员工树立典范的作用，让新员工看到，只要为公司发展做出贡献，就会得到公司发展带来的效益。

人才评价模型的具体内容见表3-3。

表3-3　核心人才评价工具

维度	序号	因素名称	因素权重	因素含义
岗位价值	1	战略影响	10%	岗位所能影响到的战略层面和程度
	2	管理责任	10%	岗位在管理和监督方面承担的责任大小
	3	工作负责性	10%	岗位工作中所面临问题的复杂性
	4	工作创造性	10%	岗位在解决问题时所需要的创造能力

（续表）

维度	序号	因素名称	因素权重	因素含义
素质能力	5	专业知识能力	15%	员工所具有的专业知识能力的广度和深度
	6	领导管理能力	15%	员工所具有的领导管理能力水平
	7	沟通影响能力	10%	员工所具有的沟通及影响他人能力的水平
历史贡献	8	销售业绩贡献	7%	员工以往对销售业绩的贡献大小
	9	技术进步贡献	7%	员工以往对技术进步的贡献大小
	10	管理改进贡献	6%	员工以往对管理改进的贡献大小

或者，也可以拟定分数标准，人才价值得分高于该分数标准的人员可以纳入股权激励计划，成为激励对象（见图3－6）。

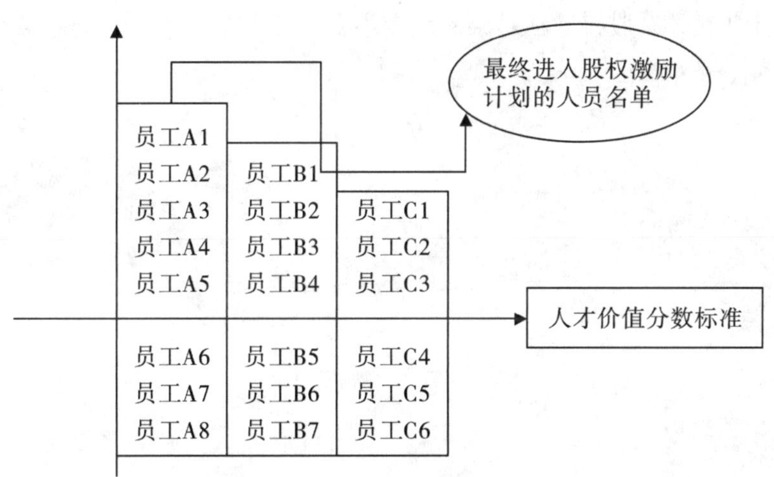

图3－6　分数评价标准模型

不过，针对上市公司，法律对股权激励对象的确定做出了限制：

根据《上市公司实施股权激励管理办法》，激励对象可以包括上市公司的董事、高级管理人员、核心技术人员或者核心业务人员，以及公司认为应当激励的对公司经营业绩和未来发展有直接影响的其他员工，但不应当包括独立董事和监事。在境内工作的外籍员工任职上市公司董事、高级管理人员、核心技术人员或者核心业务人员的，可以成为激励对象。

下列人员不得成为激励对象：

最近 12 个月内被证券交易所认定为不适当人选；

最近 12 个月内被中国证监会及其派出机构认定为不适当人选；

最近 12 个月内因重大违法违纪行为被中国证监会及其派出机构行政处罚或者采取市场禁入措施；

具有《公司法》规定的不得担任公司董事、高级管理人员情形的；法律法规规定不得参与上市公司股权激励的；

单独或合计持有上市公司 5% 以上股份的股东或实际控制人及其配偶、父母、子女，不得成为激励对象。

中国证监会认定的其他情形。

非上市公司对股权激励对象的确定不受法律限制，可根据企业实际情况确定激励对象范围。

3.3 明确激励来源

定来源包括确定实施股权激励计划需要的股票或股份来源，即激励标的来源，以及激励对象购股资金的来源。

3.3.1 股权激励标的来源

1. 上市公司激励标的来源

根据《上市公司股权激励管理办法》规定，拟实行股权激励计划的上市公司，可以根据本公司实际情况，通过以下方式解决标的股票来源：向激励对象发行股份；回购本公司股份；法律、行政法规允许的其他方式。结合实务经验，上市公司可采取的激励标的来源有如下几种（见图3－7）：

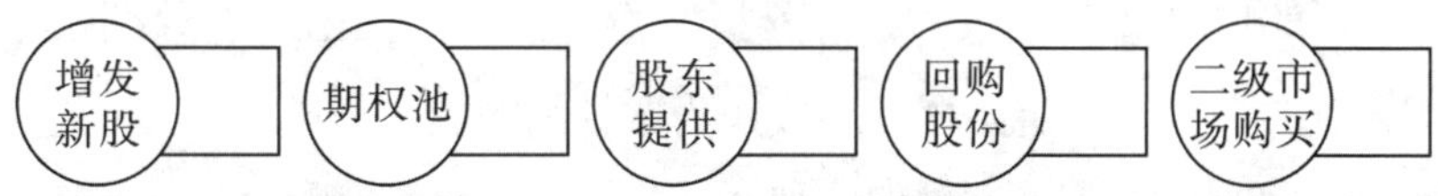

图3－7 上市公司股权激励标的来源

第一，股东提供。这种方式适合财务独立核算、行业处于成熟期或成长期末端的法人实体，实施的前提是不影响大股东对公司的控制地位，以及股东有出让激励标的意愿，即大股东自愿为股权激励计划提供标的来源。

第二，期权池预留。期权池，也就是我们常说的留存股票，是目前上市公司实施股权激励计划中常见的模型之一。是指在融资前为未来引进高级人才而预留的一部分股份，如果不预留，会导致将来进入的高级人才如果要求股份，则会稀释原来创业团队的股份，容易引起股权纠纷。

举例说明，XYZ公司为一家初创公司，创始人为AAA，公司估值600万元。公司为了加快发展，引入了风险投资者，拟融资300万元，并在增资协议中约定，XYZ公司需要拿出摊薄后10%的股权用于激励公司核心团队。最终XYZ公司股权结构变更为AAA持股60%，风险投资者持股30%，员工持股10%。这10%即为期权池。

较大的期权池对员工更具吸引力，按照惯例，一般是预留公司全部股份的10%~20%作为期权池。

第三，增发新股。增发新股，是指上市公司原有留存股票不足以满足激励对象之所需，向证监会申请发行一定数量的新股以弥补缺口。增发新股的股价一般是停牌前20个交易日算术平均数的90%，具体要求可参见《上市公司证券发行管理办法》。

根据《股权激励有关事项备忘录2号》，上市公司提出增发新股、资产注入、发行可转债等重大事项动议至上述事项实施完毕后30日内，上市公司不得提出股权激励计划草案。

增发新股不会增加公司的现金支付压力，而且行权后公司的资本金还会有一定程度的增加，是上市公司解决激励标的来源的一种常用方式。

例如，2014年1月，汉鼎信息科技股份有限公司推出的股票期权激励计划，即通过向激励对象定向增发新股作为本计划的股票来源。

第四，回购公司股份。根据《股权激励有关事项备忘录2号》，股东不得直接向激励对象赠予（或转让）股份。股东拟提供股份的，应当先将股份赠予（或转让）上市公司，并视为上市公司以零价格（或特定价格）向这部分股东定向回购股份。然后，按照经证监会备案无异议的股权激励计划，由上市公司将股份授予激励对象。上市公司对回购股份的授予应符合《公司法》第一百四十三条规定，即必须在1年内将回购股份授予激励对象。

因此，公司收购本公司股份，将股份奖励给本公司职工，应当经股东大会决议，并且不得超过本公司已发行股份总额的5%；用于收购的资金应当从公司的税后利润中支出；所收购的股份应当在1年内转让给职工。

第五，二级市场购买。通过二级市场购买股票是比较通行的做法。比如苏宁云商委托安信证券设立定向资产管理计划，通过二级市场购买股票，获得激励标的来源。

2．**非上市公司股权激励标的来源**

非上市公司由于没有公开交易的股票市场，其股权激励标的来源，不包括增发新股、二级市场购买等方式，可以从以下途径获得（见图3－8）。

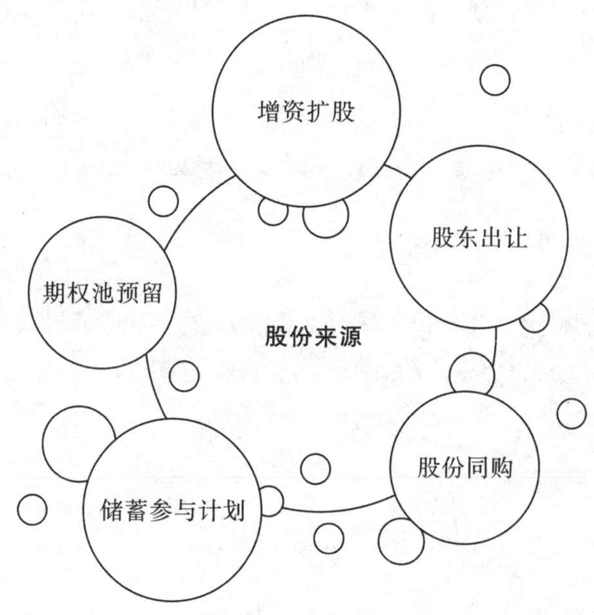

图3－8　非上市公司股权激励标的来源

第一，期权池预留。期权池预留方式，上市公司和非上市公司相同。

第二，股东出让股份。这种方式和上市公司的股东提供股权差不多，即由原股东转让部分股权作为股权激励的股权来源。这主要涉及股东是否有转让意愿、能否经过其他股东过半数同意、其他股东能否放弃优先购买权，公司可以事先与其他股东约定就股权激励有关的股权转让放弃优先购买权。

第三，增资扩股。公司召开股东会，经代表2/3以上表决权的股东通过后，采用增资扩股方式进行股权激励。行权后，公司的注册资本将适当提高，也是一种解决股权激励标的来源的方法。

第四，股份回购。可以采用股份回购的方式获得激励标的，但需要注意的是，股份有限公司只能在以下四种情况下回购本公司股份：减少公司注册资本；与持有本公司股份的其他公司合并；将股份奖励给本公司职工；股东因对股东大会做出的公司合并、分立决议持异议，要求公司收购其股份的。有限责任公司因《公司法》"有限责任公司成立后，股东不得抽逃出资"的规定，可推定为不得回购股份。

第五，储蓄参与计划。储蓄参与计划也是非上市公司获得股权激励标的来源的一种方式，员工将每月基本工资的一定比例放入公司为员工设立的储蓄账户，设定特定期限（如2年）为1期。一般公司规定的比例是税前工资额的2%～10%，少数公司规定的比例最高可达20%。

3.3.2 购股资金来源

和上市公司相比，非上市公司受到的法律限制较少，股权激励对象购买激励标的资金来源途径较多（见图3－9）。

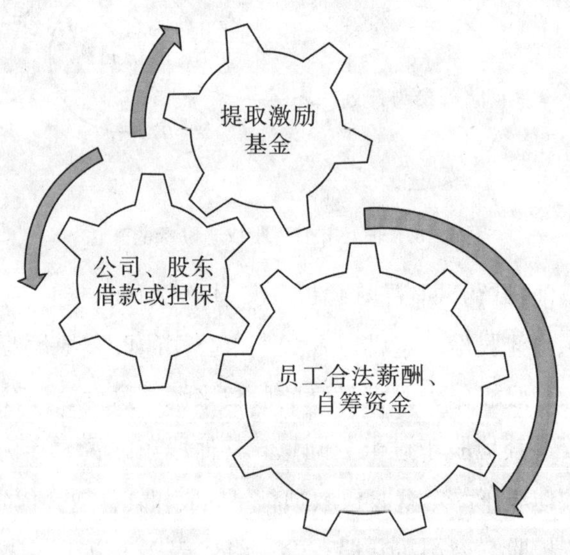

图3－9 购股资金来源

1. 员工合法薪酬、自筹资金

公司在设定股权激励标的价格时，会考虑到员工的实际薪资收入，并给予价格优惠，一般要求自筹资金购买，所以，合法薪酬就成了主要途径。但在很多情况下，员工可能不愿意自掏腰包购买，这时候在征得员工同意的前提下，公司也可以考虑从其工资或奖金中扣除一部分，作为购买股权激励标的资金。

2. 公司、股东借款或担保

在非上市公司中，法律并没有限制公司或股东为激励对象提供借款或担保，因此，有些时候为了获得更大的激励效应，也可以采取这种方式。

例如，华为在历次的股权激励中，都会考虑到员工的购买能力，如果新员工的年度奖金不够派发的股票额，公司提供担保，帮助员工获得银行贷款购买股权。

3. 提取激励基金

为了支持股权激励计划，公司可以从税后利润中提取法定公积金或经股东会同意后提取任意公积金，建立专门基金用于股权激励计划。

3.4 明确激励额度

定额度包括确定股权激励的总额度和个人额度（见图3－10）。

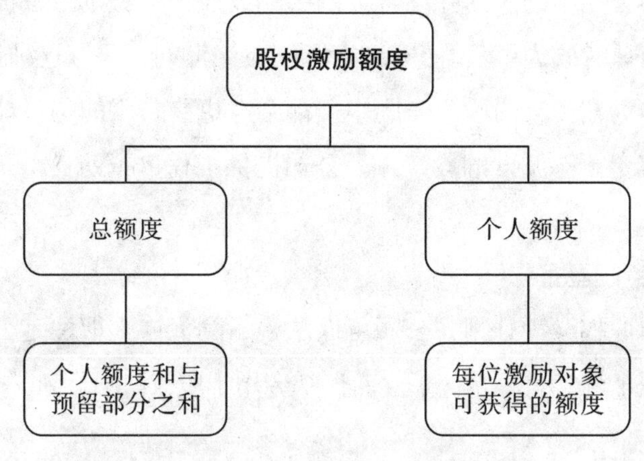

图3－10　股权激励额度

3.4.1　总额度确定

股权激励总额度的确定，应该考虑以下关键因素（见图3－11）。

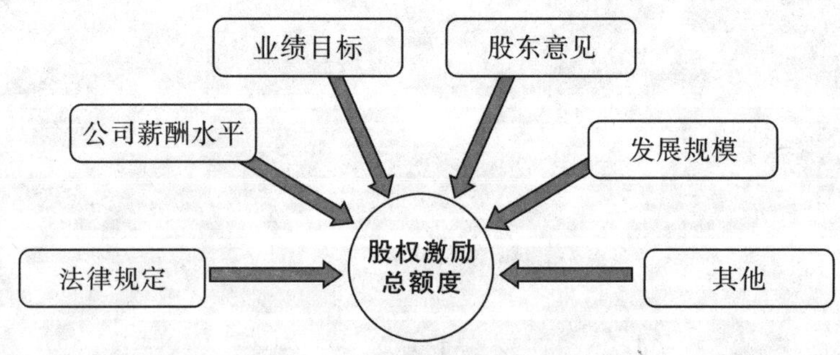

图3－11　确定股权激励总额度的因素

1. 法律的强制性规定

根据《上市公司实施股权激励管理办法》，上市公司全部有效的股权激励计划所涉及的标的股票总数累计不得超过公司股本总额的10%。

根据《国有控股上市公司（境外）实施股权激励试行办法》，国有控股上市公司在股权激励计划有效期内授予的股权总量累计不得超过公司股本总额的10%，首次股权授予数量应控制在上市公司股本总额的1%以内。

根据《国有控股上市公司（境内）实施股权激励试行办法》，股权激励计划有效期内授予的股权总量，应结合上市公司股本规模的大小和股权激励对象的范围、股权激励水平等因素，在0.1%～10%之间合理确定。但上市公司全部有效的股权激励计划所涉及的标的股票总数累计不得超过公司股本总额的10%。上市公司首次实施股权激励计划授予的股权数量原则上应控制在上市公司股本总额的1%以内。

因此，上市公司在确定股权激励总额度时需要依照法律规定进行。

例如，2011年，华业地产（600240）推出800万股权激励，占当时激励计划签署时股本总额6.45亿股的1.24%；2014年，青岛海尔（600690）发布了第四期股权激励计划，拟向激励对象授予权益总计5456万份，涉及的标的股票种类为人民币A股普通股，约占当时激励计划签署时公司股本总额272083.59万股的2.01%。两家公司皆未超过股本总额的10%。

对于非上市公司的股权激励总额度，法律没有强制性规定，公司可以根据需要自由设计。

2. 公司的整体薪酬水平

作为员工收益的一部分，股权激励总额度需要考虑公司的整体薪酬水平。如果公司的整体薪酬水平比同行业公司高，则激励总量可以少一些；如果公司的整体薪酬水平比同行业公司低，则激励总量可以多一些，最终使股权激励所得的利益加上公司薪酬及福利水平达到或者超过同行业平均水平。

3. 公司设定的业绩目标情况

正所谓“重赏之下必有勇夫”，股权激励总额度的确定，还需要考虑公司设定业绩目标的难易程度。如果行权条件设置的业绩目标较高，达成目标的难度较大，需要激励对象付出很大努力，股权激励总额度应加大；如果业绩目标达成的难度较小，需要激励对象付出的努力较少，股权激励总额度可以适当减少。

4. **公司股东的分享精神**

股权激励涉及公司现有股东股权的稀释和权利让渡，因此，激励总额度的大小和股东意愿关系很大。一般来说，具有分享精神和长远眼光的股东，让渡股权的意愿更大，相应地激励总额度也会大一些，反之，则少一些。当然，着眼长远利益而合理地放弃部分眼前利益，股东还要考虑到股东控制权及留存股票的最高额度（现有股东所能忍受的股权稀释的最大程度）等问题。

例如，在华为已经进行的四次股权激励中，大部分股份都分给了员工，创始人任正非实际持有华为的股权仅有1.01%，这种大格局的分享精神不仅让华为吸引和聚集了一批国内顶尖的研发与管理人才，也让华为人成为最早富裕起来的一群知识分子。类似的企业家还有牛根生、马云、柳传志、何享健等，这些优秀的企业家舍得与创业伙伴和优秀职业经理人分享企业发展的红利，舍得与他们分享手中的权力，凭借这一利器他们身边牢牢聚集了一批优秀的业务骨干和优秀的职业经理人，这些企业在各自所在的领域都颇有建树、所向披靡。

5. **公司的规模和发展阶段**

一般来说，如果公司的规模较大、发展阶段较高，股权激励总量可以小一些，因为公司体量大、发展稳定，尽管股权激励的比例小，但绝对金额并不小，足够产生有效的激励作用；如果公司规模较小、发展阶段较低，股权激励总量应该大一些，否则绝对金额太小，难以产生有效的激励作用。

6. **其他因素**

除了以上5个因素，公司股权激励总额度的确定，还要考虑拟激励对象人数的多少、竞争对手的激励程度、公司资本运作战略、人力资本依附性强弱、母公司意愿等因素。

首先，股权激励总额度的大小和激励对象总人数多少相对应，如果人数多，为了使每个激励对象都得到一定数量的股权，从而产生积极的激励效果，激励总额度就要多一些；反之，则少一些。

其次，如果同行业类似规模的企业激励额度较大，为了防止人才外流，也为了吸引优秀人才长期为公司服务，公司的激励总额度也应该多一些。

再次，股权激励总额度的确定还应该考虑公司资本运作战略，例如公司未来股权融资、并购重组、上市等需要占据的股份数量，由此推算股权激励的总量。

此外，人力资本依附性强弱。对于一些人力资本依附性强、资金门槛较低的高科技公司、互联网公司，为了留住核心人才，股权激励的总量应多一些；相反，股权激励的总量可以少一些。

还有，母公司的意愿。上市公司或有上市计划的公司的控股子公司要确保实施股权激励之后，母公司仍拥有其过半数以上（不包括半数）权益性资本。

股权激励总额度的确定需要一个整体的规划，除了现有激励对象的总额度，还要预留部分股权，作为后续股权激励来源储备。上市公司只能按照法律规定执行，激励总额度不得超过股本总额的10%，非上市公司则可以适当提高，原则上不超过股本总额的15%，预留5%给未来新进或新晋升员工，但包括预留权益在内的总量仍应控制在股本总额的15%以内。

3.4.2 确定单个激励对象额度

企业在确定单个激励对象额度时，应该考虑以下因素（见图3－12）。

图3－12 确定单个激励对象额度的因素

1. **法律法规的强制性规定**

根据《上市公司实施股权激励管理办法（试行)》，非经股东大会特别决议批准，任何一名激励对象通过全部有效的股权激励计划获授的本公司股票累计不得超过公司总股本的1%。

根据《国有控股上市公司（境外）实施股权激励试行办法》，在股权激励计划有效期内任何12个月期间授予任一人员的股权（包括已行使的和未行使的股权）超过上市公司发行总股本1%的，上市公司不再授予其股权。因此，上市公司单个激励对象累计额度不得超过公司股本总额的1%；在股权激励计划有效期内，高管人员预期股权激励收益水平原则上应控制在其薪酬总水平的40%以内。高管人员薪酬总水平应根据本公司业绩考核与薪酬管理办法，并参考境内外同类人员薪酬市场价位、本公司员工平均收入水平等因素综合确定。各高管人员薪酬总水平和预期股权收益占薪酬总水平的比例应根据上市公司岗位分析、岗位测评、岗位职责按岗位序列确定。

根据《国有控股上市公司（境内）实施股权激励试行办法》，在股权激励计划有效期内，高级管理人员个人股权激励预期收益水平，应控制在其薪酬总水平（含预期的期权或股权收益）的30%以内。高级管理人员薪酬总水平应参照国有资产监督管理机构或部门的原则规定，依据上市公司绩效考核与薪酬管理办法确定。因此，上市公司在确定单个人激励对象额度时，需符合法律的强制性规定。

对于非上市公司而言，法律没有规定，董事会可以灵活设定。

2. **兼顾公平和效率**

企业在确定单个激励对象额度时，要注意合理分配，高层管理人员、中层管理人员、核心技术（业务）骨干所占股权激励份额的比例，应该能够体现公平公正原则。高管所占比例不能过高，以免使激励对象产生不公平感。另外，还要兼顾效率原则，在具体的授予额度上，应该按照其对公司的贡献和重要性来确定，体现出一定的区别。

3．实际薪酬水平

在公司内部，员工的薪酬水平一般都是根据其实际能力、对公司的重要程度来确定的。因此，激励对象的授予额度，也应该与其之前的薪酬情况相适应，而不应该出现薪酬与激励额度倒挂的现象，即水平低的激励对象，所获得的激励股份份额反而超过了薪酬水平高的激励对象的情况。

4．激励对象的心理预期

对于激励额度，每个人的心理预期是不同的。有的人期望值较高，如果给予的股权激励额度太少，起不到激励作用；有的人小富即安，可能较少的额度就能起到激励作用。因此，公司在确定单个激励额度前，应该考虑到这一因素，适当征求激励对象的意见。

5．其他因素

除此之外，激励对象的不可替代性、职位高低、业绩表现、工作年限也是考虑的因素。一般而言，激励对象的不可替代性越高、职位越高、业绩表现越好，所获得的激励份额越多。激励对象在公司工作年限越长，说明其对工作的忠诚度越高，对公司的贡献越大，所获得的激励份额也应该相应增多。

3.4.3 操作步骤

具体操作中，我们可以按照以下步骤确定股权激励额度（见图3－13）。

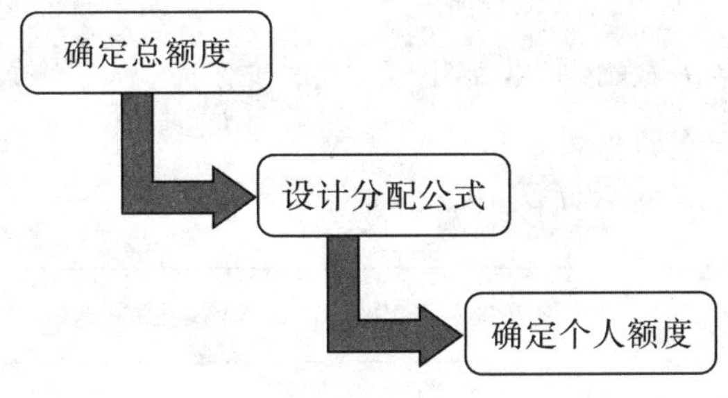

图3－13 确定股权激励额度的步骤

第一步：确定激励股份的总额度。

第二步：设计不同的分配公式。

比如把员工分为高级管理层、中级管理层、核心技术人员层、核心营销人员层、基层人员5个层级，根据各层级的重要性，设计出不同的分配公式。

1. **高管个量分配方式**

个人激励额度 = 本岗位层级激励总量 × 个人分配系数 ÷ 总分配系数。

个人分配系数 = 司龄系数 ×40% + 工资系数 ×60%。

总分配系数 = Σ个人分配系数。

工资系数反映激励对象的相对工资水平，具体操作时先将某一水平的工资系数标准化为1，其余激励对象的工资系数做同比例调整。例如，设平均工资6000元为工资系数，如某员工月工资为3000元，则其个人工资系数为3000 ÷6000 = 0. 5；如某员工的月工资为12000元，则该员工的工资系数为12000 ÷6000 =2。

司龄系数规定如下表：

入职年数（Y）	1≤Y≤ 3	3 < Y≤5	5 < Y < 10	10≤Y
司龄系数	1	1. 1	1. 25	1. 5

2. **高管中的营业部经理个量分配方式**

个人激励额度 = 营业部经理激励总量 × 营业部经理分配系数 ÷ 总分配系数。

营业部经理分配系数 = 该营业部利润增长率换算系数 ×0. 1 + 该营业部年度利润换算系数 ×0. 7 + 该营业部年度目标利润指标增长率换算系数 ×0. 2。

总分配系数 = Σ营业部经理分配系数。

营业部增长率换算系数规定如下表：

营业部利润增长率（G）	G < 20%	20% ≤G < 50%	50% ≤G < 100%	100% ≤G
增长率换算系数	1	2	3	4

营业部年度利润换算系数规定如下表：

营业部年度利润（百万）	R<0	0≤R<0.5	0.5≤R<1	1≤R<2	2≤R<3	3≤R<4	4≤R<5	5≤R<6	6≤R
年度利润换算系数	0	1	2	3	4	5	6	7	8

营业部年度目标利润指标增长率换算系数规定如下表：

年度目标利润增长率	G<40%	40%≤G<70%	70%≤G<100%	100%≤G<150%	150%≤G<200%	200%≤G
增长率换算系数	1	2	3	4	5	6

例如，某营业部利润增长率为25%，年度利润为80万元，年度目标利润增长率为20%，则该营业部经理的分配系数为2×0.1+2×0.7+1×0.2=1.8。

3. 中层干部个量分配方式

个人激励额度=本岗位层级激励总量×个人分配系数÷总分配系数。

前台个人分配系数=司龄系数×40%+工资系数×60%。

后台个人分配系数=（司龄系数×40%+工资系数×60%）×岗位层级调整系数。

岗位层级调整系数：总监助理级为2.8；部门经理级为2；副经理级为1。

总分配系数=Σ个人分配系数。

核心技术人员和核心营销人员可参考中层干部个量分配公式设计。

假如，某行政经理入职年限为4年，月工资6000元，该单位的平均公司工资水平为6000元，则个人分配系数为（1.1×0.4+1×0.6）×2=2.08。

4. 基层员工个量分配方式

重要岗位员工每人分配0.8万份，其他基层员工根据司龄实行定量分配，具体规定如下表：

司龄	1≤Y<5	5≤Y<10	10≤Y
分配额度（单位：万份）	0.5	0.6	0.7

假如某员工入职12年，则获授0.7万份激励标的。

第三步：确定个人额度。

设计好不同的分配公式后，我们即可以计算出各个岗位应该授予的激励额度。

例如，某公司为高级管理层分配的总激励额度为 6 万股，该公司以平均月工资 6000 元为工资系数 1，其中一名高管在公司任职 4 年，月工资 12000 元，则其个人分配系数为 $1.1\times40\%+2\times60\%=1.64$；另一名高管在公司任职 6 年，月工资 15000 元，则其个人分配系数为 $1.25\times40\%+3\times60\%=2.3$。假设该岗位的总分配系数为 6.88，则这两位高管获得的个人激励额度分别为 1.43 万股和 2 万股，具体计算如下：$6\times1.64\div6.88\approx1.43$；$6\times2.3\div6.88\approx2$。

再如，该公司授予华东、华南、华北、东南四个营业部经理的股权激励总额为 4 万股，华东营业部当年利润增长率为 25%，实现年度利润 30 万元，该营业部年度目标利润指标增长率为 50%，则华东营业部经理分配系数为 $2\times0.1+1\times0.7+2\times0.2=1.3$。假设四个营业部的总分配系数为 5.2，则华东营业部经理获得的个人激励额度为 $4\times1.3\div5.2=1$（万股）。

事实上，在股权激励分配计算过程中，由于公司和激励对象个性化因素多且复杂，实际上是难以用一种方法或一次测算来保证分配的合理性，常常需要在第一次确定个量之后，由公司领导根据激励对象实际情况进行适当调整；根据调整情况，进行第二次测算，最终确定分配个量。

3.5 明确激励条件

定条件是指设定股权激励计划的行权条件，包括公司业绩考核条件和个人绩效考核条件。

1. **公司业绩考核条件**

对公司业绩的考核有财务指标和非财务指标，如企业在资本市场的股价增幅、净资产增长率、净利润增长率等。

例如，汉鼎股份规定的行权业绩条件净利润增长率和加权平均净资产收益率。具体如下：

第一，净利润增长率。净利润的指标以扣除非经常性损益的净利润与不扣除非经常性损益的净利润二者孰低者作为计算依据。同时，若公司发生再融资行为，净利润为扣除再融资及其所投资项目产生的损益影响数额后的净利润。

第二，加权平均净资产收益率。加权平均净资产收益率的指标，以扣除非经常性损益的加权平均净资产收益率，与不扣除非经常性损益的加权平均净资产收益率，二者孰低者作为计算依据。同时，若公司发生再融资行为，计算加权平均净资产收益率时的净资产为扣除再融资数额后的净资产值。股票期权成本应计入公司管理费用，并在经常性损益中列支。

各年度绩效考核目标如表 3－4 所示：

表 3－4　汉鼎股份业绩考核条件

行权期	业绩指标
第一个行权期	2014 年度较 2013 年度的净利润增长率不低于 30%；2014 年度的加权平均净资产收益率不低于 11.40%。
第二个行权期	2015 年度较 2013 年度的净利润增长率不低于 69%；2015 年度的加权平均净资产收益率不低于 13.10%。
第三个行权期	2016 年度较 2013 年度的净利润增长率不低于 102.80%；2016 年度的加权平均净资产收益率不低于 13.74%。
第四个行权期	2017 年度较 2013 年度的净利润增长率不低于 143.36%；2017 年度的加权平均净资产收益率不低于 14.33%。

除此之外，股票期权等待期内，归属于上市公司股东的净利润及归属于上市公司股东的扣除非经常性损益的净利润，均不得低于授权日前最近三个会计年度的平均水平且不得为负。

2. 个人绩效考核条件

个人绩效考核是指公司对员工行为和业绩进行评估，以确定是否满足股权激励计划的授予或行权条件。常见的考核方法有平衡积分卡（BSC）、关键绩效指标（KPI）、360°考核法等（见图 3－14）。

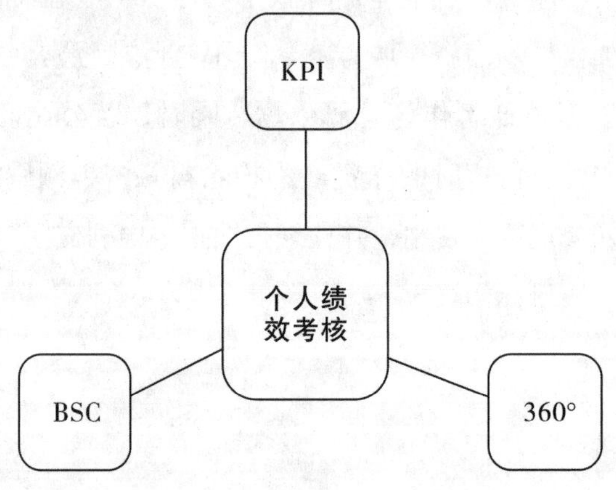

图 3－14　常见的绩效考核方法

第一，平衡计分卡（BSC）。平衡计分卡是指从企业的财务、客户、业务、学习与成长四个角度出发（见图3－15），将企业战略目标逐层分解转化为各种具体的相互平衡的绩效考核指标体系，并对这些指标的实现状况进行不同时段的考核，从而为企业战略目标的完成建立起可靠的执行基础，是一个系统性的战略管理工具，具体内容见表3－5所示。

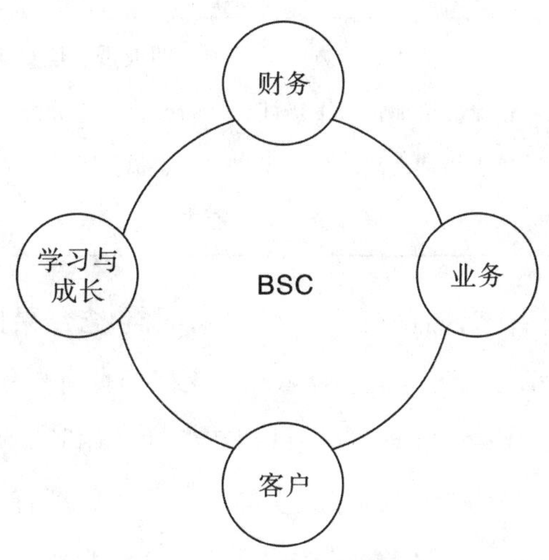

图3－15　平衡积分卡的四个维度

表3－5　平衡计分卡的内容

维度	内容
财务方面	财务性绩效指标能够直观反映公司业绩和股东利益，是对公司业绩进行控制和评价的工具，在平衡计分卡方法中予以保留。常用的财务性绩效指标主要有利润增长率和资产回报率。
业务方面	企业战略目标的实现、客户各种需求的满足和股东价值的追求，都依靠企业内部经营支持。企业可以从创新、生产经营和售后服务三个具体环节入手，探索如何管理内部业务，以实现企业的更好发展。

（续表）

维度	内容
客户方面	平衡计分卡依然强调以客户为核心的思想，即“客户造就企业”，通过客户满意程度、客户保持程度、新客户的获得、客户获利能力和市场份额等指标的评价，为企业建立实现目标的可执行基础。
学习与成长方面	企业的发展依赖三个方面的资源，即人员、信息系统和企业流程。因此，企业应该加强员工培训，不断改进信息系统和企业管理流程，并通过员工培训支出、员工满意程度、员工的稳定性、员工的生产率等指标的考核，来提升企业成长能力。

平衡计分卡的四个方面存在着因果关系，既包含结果指标，也包含促成这些结果的先导性指标，是一个相互依赖、支持和平衡的有机统一评价体系。

第二，关键绩效指标（KPI）。关键绩效指标（KPI），是指通过对企业内部某一流程的输入端、输出端的关键参数进行设置、取样、计算、分析，衡量流程绩效的一种目标式量化管理指标，是把企业的战略目标分解为可运作的远景目标的工具，是企业绩效管理系统的基础。

KPI 分为业绩指标、任务指标、行为指标和能力指标，是对公司绩效可控部分和经营活动的衡量。

确定关键绩效指标的一个重要原则是 SMART 原则，SMART 是 Specific（具体）、Measurable（可度量）、Attainable（可实现）、Relevant（相关性）、Time－based（有时限）5 个英文单词首字母的缩写（见图 3－16）。

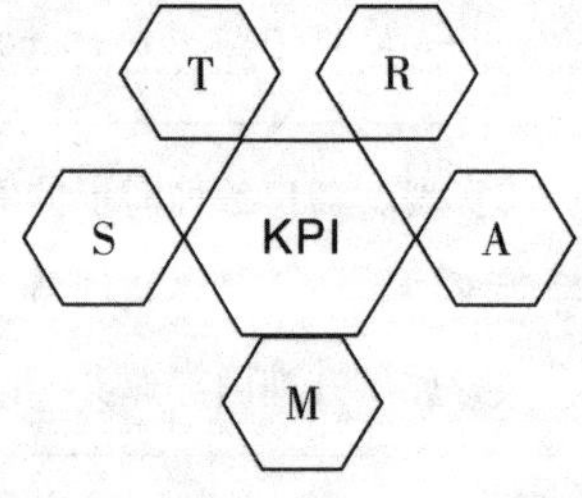

图 3－16　SMART 原则

SMART 原则的具体内容如下（见表 3－6）。

表 3－6　SMART 原则内容

原则	内容
S	绩效考核要切中特定的工作指标，不能笼统。
M	绩效指标是数量化或者行为化的，验证这些绩效指标的数据或者信息是可以获得的。
A	绩效指标在付出努力的情况下可以实现，避免设立过高或过低的目标。
R	年度经营目标的设定必须与预算责任单位的职责紧密相关，它是预算管理部门、预算执行部门和公司管理层经过反复分析、研究、协商的结果，必须经过他们的共同认可和承诺。
T	注重完成绩效指标的特定期限。

KPI 的实施，通常经过以下四个步骤（见图 3－17）。

图 3－17　KPI 实施的步骤

第一步，建立企业的战略目标。

第二步，各部门的主管依据企业实际情况和部门职责分工，将战略目标分解为部门级 KPI，并对相应部门的 KPI 进行分解，确定相关的要素目标，分析绩效驱动因素（技术、组织、人），确定实现目标的工作流程，分解出各部门级的 KPI，确定评价指标体系。

第三步，待指标体系确立之后，从部门职责、岗位职责中提取成功、关键要素，并通过精简、调整、分类、赋值等一系列措施转化成关键绩效指标，KPI 权重通常最小不低于 5%，最大不超过 30%，权重一般为 5 的倍数。

第四步，对关键绩效指标进行筛选审核，通过相关性分析，剔除不合理指标或重复指标，使其精简化，确保关键绩效指标能够全面、客观地反映被评价对象的绩效，而且易于操作。

表3-7　某公司技术部关键绩效考核指标

序号	KPI指标	考核周期	指标定义/公式
1	工作目标按计划完成率	年度	实际完成工作量/计划完成工作量×100%
2	技术创新使标准工时降低率	年度	（改进前标准工时-改进后标准工时）/改进前标准工时×100%
3	技术创新使材料消耗降低率	年度	（改进前工序材料消耗-改进后消耗）/改进前工序材料消耗×100%
4	技术改造费用控制率	年度	技术改造发生费用/技术改造费用预算×100%
5	重大技术改进项目完成数	年度	当期完成并通过验收的重大技术改进项目总数
6	技术服务满意度	年度	对技术服务对象进行随机调查的技术服务满意度评分的算术平均值
7	外部学术交流次数	年度	当期进行外部学术交流的次数
8	内部技术培训次数	年度	考核期内进行内部技术培训的次数

第三，360°考核法。360°考核法又称为全方位考核法，是指员工通过自我评估、上下级评估、客户评估、同事评估知晓各方面的意见，清楚自己的长处和短处，了解其工作绩效，进而达到提高自己，完成工作目标的目的，是一种比较全面、完整的考核方法（见图3-18）。

360°考核法最大的优点就是全面、完整，打破了由上级考核下属的传统考核制度，避免传统考核中极容易发生的“光环效应”“居中趋势”“偏紧或偏松”“个人偏见”和“考核盲点”等现象，较为全面地反映出不同考核者对于同一被考核者不同的看法，有利于被考核者从多个方面提升能力；其次，这种考核方法提升了员工的参与感，更容易激发员工工作积极性。但同时，

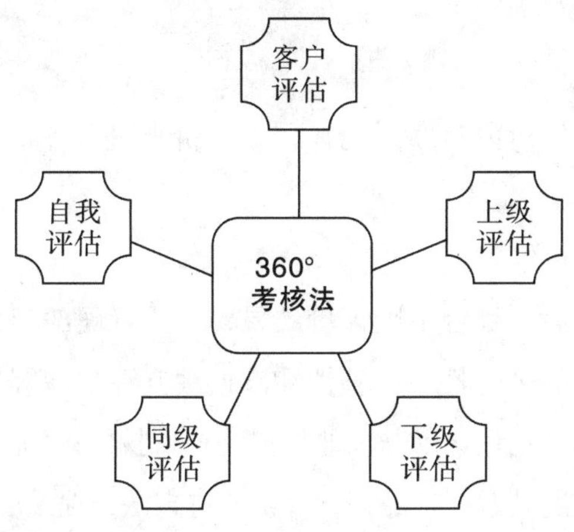

图 3－18　360°考核法

360°考核法需要动用多人参与考核，会耗费很多时间，带来考核成本增加；由于涉及员工之间的评价，如果某些员工将工作上的问题上升为个人情绪，可能借考核机会“公报私仇”，使其成为发泄私愤的途径；另外，360°考核法的执行，需要对所有员工进行考核制度培训，实现难度大。

360°考核法的实施一般应遵循以下步骤（见图 3－19）：

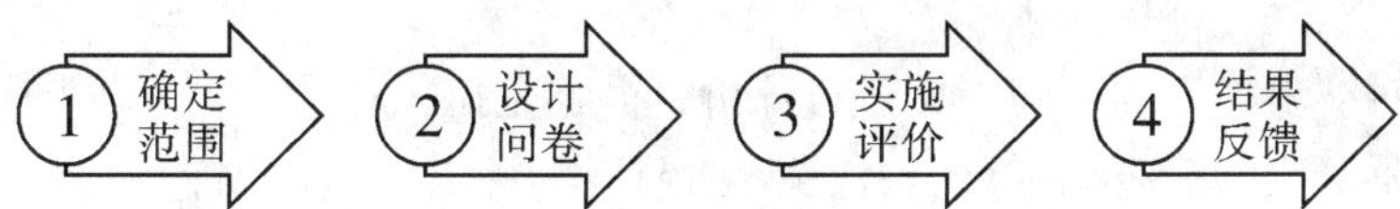

图 3－19　360°考核法实施步骤

第一步：确定范围。

360°考核法涉及员工、上司、同事、下属、客户等多个考核者，比较全面，但并不是所有考核对象都适用这种方法，只有确定其使用范围，才能将有限的资源在已经确定的范围内发挥出最大的作用，如果公司内部员工之间互相信任程度较低，对彼此的工作不熟悉，最好不要采用 360°考核法。

第二步：设计问卷。

考核部门要设计考核问卷，通常情况下，采用等计量表、开放式问题，或综合以上两种方式的问卷形式；问卷内容一般为与被考核者工作情况密切相关的行为或共性行为。

第三步：实施评价。

企业选择与考核对象有联系的人作为评价者进行评价，一般情况下，采用匿名评价方式。

第四步：结果反馈。

在考核完成以后，综合不同评价结果，企业管理部门应该及时提供结果反馈，包括就评价的公正性、完整性和准确性向评价者提供反馈，指出他们在评价过程中所犯的错误，以帮助他们提高评价技能；向被考核者提供反馈，帮助他们找出不足之处并分析原因，提供改进方法，提高职业能力水平。

360°考核法的实施，要注意下面几个事项。

第一，考核表的设计及考核者范围界定要合理。应该让熟悉情况的人，而不是所有的人都来参与考评。

第二，避免让考核者对考核指标进行笼统的评价，而是应该给出具体的操作性定义，可以是对考核指标含义的描述，也可以是对相关行为频率的规定。总之，目的在于引导所有的考核者按照同样的标准进行评价。

第三，应该根据每个层级考核者的特定观察视角，合理安排不同层级的考核者对被考核者的不同指标进行评价，而不是搞“一刀切”。即使从便捷的角度考虑，不同层级的考核者使用了相同的考核表，也应根据“熟悉者才有发言权”的原则，合理设计权重。

第四，为防止考评标准流于形式，事先有必要对考核者进行培训，确保大家对于考核标准达成共识。如果条件允许，可以聘请第三方咨询机构，通过访谈或开放式问卷的方式收集信息，再以客观的标准，对收集到的信息进行统一编码，形成对被考核者的评价。

第五，尽量统一指导。由于360°考核涉及人员面非常广，在信息收集阶段常常需要不同的组织者组织多个场次的现场考核才能完成，这就涉及考核过程的一致性问题，应该尽量统一指导，避免临时更换组织者或者随意更改组织计划。

3.6 明确激励价格

定价格是指确定激励对象为了获得每份激励标的而需要支付的对价。对于激励对象来说，激励标的的价格越低，对其越有利。但是，过低激励标的价格会有损股东利益。因此，在确定激励标的价格时，既要考虑激励对象的承受能力，也要考虑到保护现有股东的合法权益。

1. 上市公司股权激励价格确定

上市公司股权激励计划因为涉及公众股东的利益，所以要遵守以下相关法律的强制性规定：

第一，上市公司实施股票期权股权激励模式的行权价格。根据《上市公司股权激励管理办法》的规定，上市公司在授予激励对象股票期权时，应当确定行权价格或者行权价格的确定方法。行权价格不得低于股票票面金额，且原则上不得低于下列价格较高者：

股权激励计划草案公布前1个交易日的公司股票交易均价；

股权激励计划草案公布前20个交易日、60个交易日或者120个交易日的公司股票交易均价之一。

上市公司采用其他方法确定行权价格的，应当在股权激励计划中对定价依据及定价方式做出说明。

第二，上市公司实施限制性股票股权激励模式的授予价格。上市公司在授予激励对象限制性股票时，应当确定授予价格或授予价格的确定方法。授予价格不得低于股票票面金额，且原则上不得低于下列价格较高者：

股权激励计划草案公布前1个交易日的公司股票交易均价的50%；

股权激励计划草案公布前 20 个交易日、60 个交易日或者 120 个交易日的公司股票交易均价之一的 50%。

上市公司采用其他方法确定限制性股票授予价格的，应当在股权激励计划中对定价依据及定价方式做出说明。

一般而言，如果限制性股票股权激励的标的股票是增量的，也就是说，如果采取折价购股型限制性股票股权激励模式，其最低授予价格应不低于定价基准日前 20 个交易日、60 个交易日或者 120 个交易日公司股票均价的 50%。对于限制性股票的另一种股权激励模式“业绩奖励型限制性股票”而言，由于这种方式是通过公司提取股权激励基金，从二级市场购买而获得的激励标的，不存在激励对象购买股票，而是激励对象作为奖金性质的股票。所以，这种情况下，激励对象获得限制性股票不需要支付任何对价，也就不存在限制性股票的授予价格问题。

2. 非上市公司股权激励价格确定

非上市公司股权激励标的的价格确定，可以参考以下几种方法（见图 3－20）：

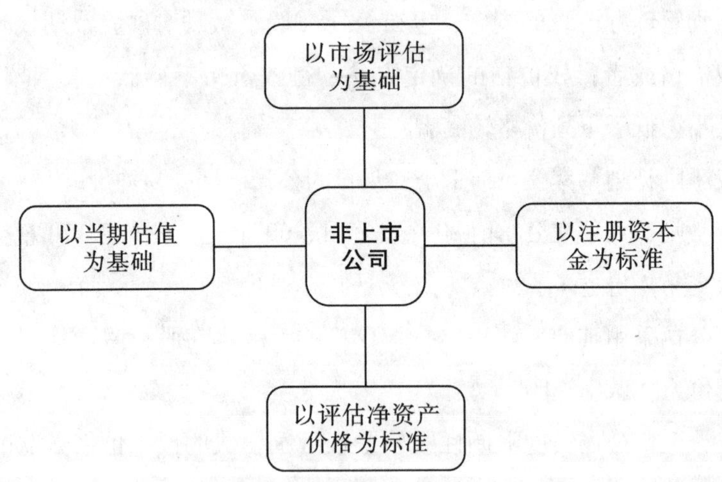

图 3－20　非上市公司股权激励价格确定

第一，以注册资本金为标准的行权价格。企业的注册资本金与净资产相等或相差不大时，每份股权激励标的的行权价格可以直接设定为 1 元/股；也可以根据企业实际的经营状况和资产情况，以注册资本金或者净资产为基础，选择一个适当的折扣比例来确定行权价格。

第二，以评估的净资产的价格为标准的行权价格。企业的注册资本金与净资产相差较大时，每份股权激励标的的行权价格应该设定为公司授予激励对象时经过评估的每股净资产值。

第三，以市场评估为基础，确定行权价格。对于高科技企业，可以采用市场评估的方法，也就是以同行业同类型公司的市场价格为参考，进行一定的折扣后，作为股权激励标的的行权价格。

第四，以当期估值为基础，确定行权价格。对于境内互联网企业，可以按照企业融资估值的一定比例来确定行权价格，一般来说，初创企业的定价为估值的$\frac{1}{20}\sim\frac{1}{10}$。

现实中，企业价值的估值方法各种各样，所以，非上市公司的股权激励标的行权价格的确定也有很多种方法，企业应根据公司的实际情况和战略需要，灵活选择适当的方法处理。

3.7 明确激励时间

定时间包括确定股权激励计划的有效期、授权日、等待期、可行权日、和禁售期。

1. **有效期**

股权激励的有效期是指从股权激励计划生效到最后一批激励标的的股份行权或解锁完毕的整个期间。这个有效期没有统一规定，但一般在2～10年。美国《国内税务法则》规定，激励型股票期权计划实行10年后自动结束。股票期权计划的开始日期以实行日或股东大会通过日两者中较早者为准；香港联交所《上市规则》第17章规定，香港上市公司的股票期权计划期限不得长于10年；我国法律规定，股权激励计划的有效期从首次授予权益日起不得超过10年。

实践中，企业在设定股权激励有效期时，应该考虑以下因素（见图3－21）。

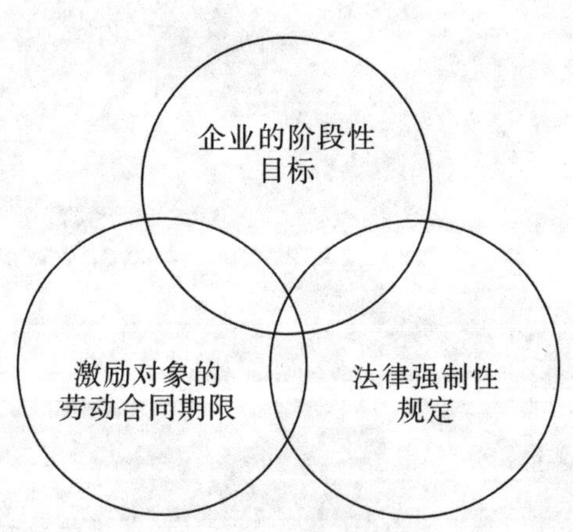

图3－21　股权激励有效期设定的因素

第一，企业的阶段性目标。股权激励的有效期应当与企业的阶段性目标相一致，如果企业的阶段性目标是 6 年，那么股权激励的有效期应该是 6 年或 7 年，以便企业更好地判断激励对象的努力是否达到了预期目标。如果把激励期限设定为 4 年或 5 年，那么企业就可能在不知激励对象能否最终完成目标的前提下把股权激励标的的行权完毕，这显然不利于企业战略目标计划的完成。

第二，法律强制性规定。《上市公司股权激励管理办法》规定，股权激励计划的有效期从首次授予权益日起不得超过 10 年。

第三，激励对象的劳动合同期限。股权激励对象一般都为企业正式聘用，签订劳动合同的员工。而劳动合同都是有期限的，一般情况下，股权激励有效期不应该超过劳动合同期限，以避免激励对象劳动合同期限已满，而仍处于激励计划的有效期内的情形。

2. 授权日

股权激励的授权日是指激励对象实际获得授权（股票期权、限制性股票、虚拟股权）的日期，是股权激励的实施方履行激励计划而为激励对象所接受的时点。在决定股权激励计划等待期、行权期、失效期时，一般是以授权日为起算点，而不是以生效日为起算点。

股权激励计划的生效日，一般是指公司股东大会审议通过之日，或者证监会审批同意之日。而授权日是在股东大会通过后，再召开董事会制定的一个具体日期。所以，授权日应当在生效日之后。

《上市公司股权激励管理办法》规定，股权激励计划经股东大会审议通过后，上市公司应当在 60 日内授予权益并完成公告、登记；有获授权益条件的，应当在条件成就后 60 日内授出权益并完成公告、登记。上市公司未能在 60 日内完成上述工作的，应当及时披露未完成的原因，并宣告终止实施股权激励，自公告之日起 3 个月内不得再次审议股权激励计划。

分次授出权益的，在每次授出权益前，上市公司应当召开董事会，按照股权激励计划的内容及首次授出权益时确定的原则，决定授出的权益价格、行使权益安排等内容。

当次授予权益的条件未成就时，上市公司不得向激励对象授予权益，未授予的权益也不得递延下期授予。

对于非上市公司而言，不存在交易日与非交易日的区别，在分批集中对股权激励对象集中授权的前提下，授权日的确定可以参考以下日期（见图3－22）。

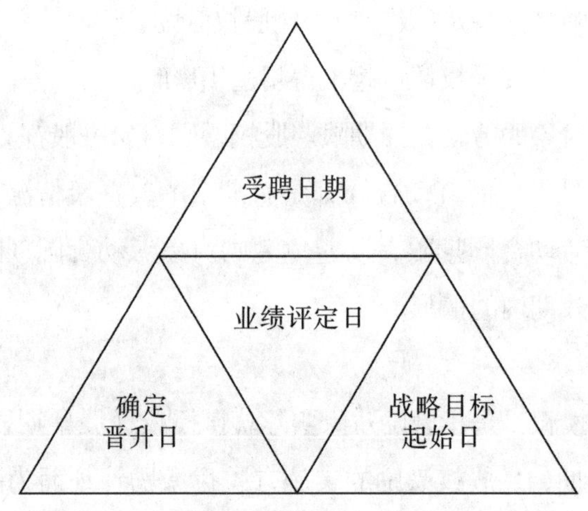

图3－22　非上市公司确定授权日的参考日期

第一，激励对象的受聘日期。当董事会认为有必要对受聘的高管、董事等核心人员进行股权激励时，受聘日可以作为股权激励计划的授权日。

第二，激励对象的业绩评定日。授权日应当与企业考核日期相适应，最好在激励对象考核成绩出来后，对于表现优异的人员，可以考虑纳入股权激励对象范围，也可以选择单独授予股权激励计划。

第三，激励对象确定晋升日。激励对象的晋升，说明了对公司的重要性，为了激励其更加努力，可以考虑在晋升之日授予股权激励标的。

第四，企业战略目标起始日。为了完成企业的战略目标，可以考虑将实现目标需要的核心人员纳入股权激励计划，在战略目标起始日授予股权激励标的。

3．等待期

股权激励计划的等待期是指激励对象获得股权激励标的股份之后，需要等待一段时间，达到一系列事前约定的约束条件，才可以实际获得对激励股份或者激励标的的完全处分权。

等待期一般可分为四种类型（见图3－23）。

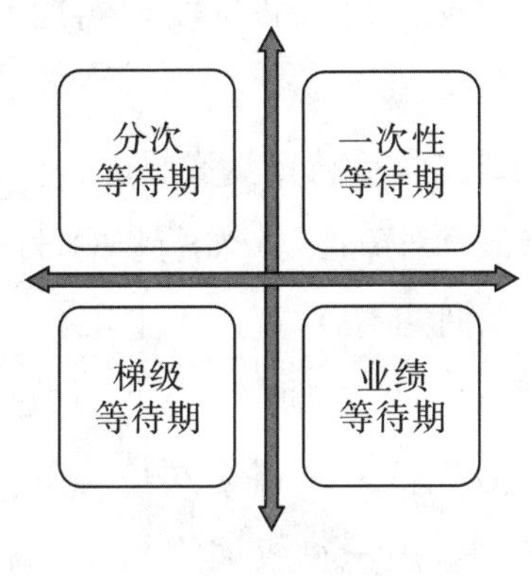

图3－23　等待期类型

第一，一次性等待期。一次性等待期是指激励对象只需要等待一次，即可行使全部权利。例如，2016年6月，昆药集团（600422）限制性股票激励计划草案中的等待期就为这种形式，自股票授予之日起的12个月后的首个交易日，可解锁数量占限制性股票数量的比例为100%。

第二，分次等待期。分次等待期是指激励对象分批行权、分次获得激励标的的完全处分权。例如，激励对象在满足行权条件时，分四批次行权，每次行权比例为激励标的总额的25%，等待期限分别为1年、2年、3年和4年。

第三，梯级等待期。梯级等待期是指激励对象所持有的股票期权每年按不同的比例获得执行权利。例如，4年的等待期前3年分别执行20%，最后1年执行40%。

第四，业绩等待期。业绩等待期是指当公司业绩达到某一个具体目标时，激励对象所持有的股票期权就可以全部执行。例如，公司规定当股价、利润增长率等指标达到某一个目标时，激励对象的股票期权即获得执行权利。

等待期的时间长度，是指股票期权可以执行之前必须等待的时间长度，它不是随意设定的，也不是单纯耗费时间的延期支付。一般而言，等待期的长度应该和公司阶段性战略目标相一致。对于上市公司而言，等待期是指股票期权授权日与首次可以行权日之间的间隔，等待期不得短于1年。

4．行权日

股权激励计划的行权日是指等待期满次日起，至有效期满当日止的可以行权的期间，可行权日指激励对象可以开始行权的日期。

《上市公司股权激励管理办法》规定，上市公司的可行权日必须为交易日。股票期权授权日与获授股票期权首次可行权日之间的间隔不得少于12个月。在股票期权有效期内，上市公司应当规定激励对象分期行权，每期时限不得少于12个月，后一行权期的起算日不得早于前一行权期的届满日。每期可行权的股票期权比例不得超过激励对象获授股票期权总额的50%。

当期行权条件未成就的，股票期权不得行权或递延至下期行权，上市公司应当注销对应的股票期权。股票期权各行权期结束后，激励对象未行权的当期股票期权应当终止行权，上市公司应当及时注销。

对于非上市公司而言，由于激励对象获得股权，需要到工商登记部门予以注册备案，如果激励对象不能在一段时间集中行权，则会导致办理工商股权登记特别烦琐。公司可以在可行权日期内，专门设立一小段时间为每年的行权窗口期，例如每年的12月份。

5．禁售期

禁售期是指激励对象在行权后，必须在一定时期内持有该激励标的，不得转让、出售。禁售期主要是为了防止激励对象以损害公司利益为代价，抛售激励标的的短期套利行为。

在设计禁售期时，一般应考虑以下因素（见图3－24）。

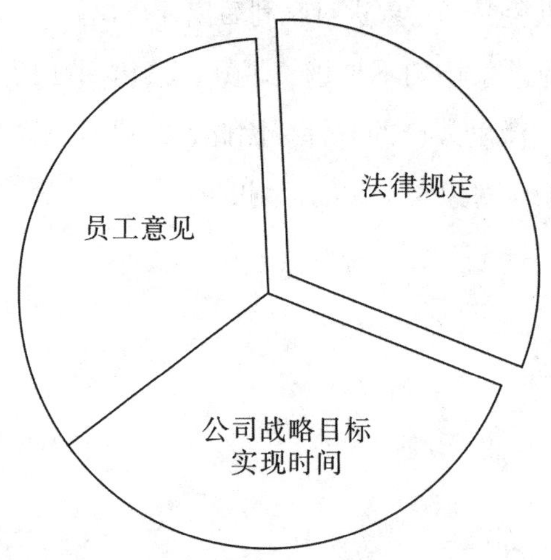

图 3-24　禁售期设定考虑的因素

第一，法律的强制性规定。对于上市公司而言，《上市公司股权激励管理办法》规定：限制性股票有效期内，上市公司应当规定分期解除限售，每期时限不得少于 12 个月，各期解除限售的比例不得超过激励对象获授限制性股票总额的 50%。

当期解除限售的条件未成就的，限制性股票不得解除限售或递延至下期解除限售，上市公司应当回购尚未解除限售的限制性股票，并按照《公司法》的规定进行处理。

激励对象为公司董事、其他高级管理人员的，每年转让其所持有的公司股票，不得超过其所持有公司股票总数的 25%。在离任信息申报之日起 6 个月内，不得转让或出售其所持有的全部公司股票。在离任信息申报之日起 6 个月后，至 12 个月内，转让或出售其所持有的公司股票总数的比例不得超过 50%。

对于非上市公司而言，没有以上强制性规定，激励对象可以依据公司章程进行转让或出售。

第二，公司战略目标实现的时间。禁售期的时间设定要考虑公司战略目标实现需要的时间，如果战略目标实现需要较长时间，那么对激励对象的禁售期也可以延长，以免激励对象进行套利后离开公司。

第三，员工意见。禁售期不是越长越好，禁售期延长会引发员工心理波动，进而影响到股权激励效应的发挥。因此，如果延长禁售期，应当尊重员工的意见，以避免激励对象对于激励计划的不予认可或者出现纠纷。

3.8 明确激励机制

明确机制是指确定股权激励计划的调整、变更、终止机制。

1. 上市公司股权激励计划调整

若在行权前有资本公积金转增股本、派送股票红利、股票拆细、缩股或配股等事项，应对股票期权数量进行相应的调整。调整方法如下：

第一，资本公积金转增股本、派送股票红利、股票拆细：$Q=Q_0\times(1+n)$。

其中：Q_0为调整前的股票期权数量；n 为每股的资本公积金转增股本、派送股票红利、股票拆细的比率；Q 为调整后的股票期权数量。

第二，缩股：$Q=Q_0\times n$。

其中：Q_0为调整前的股票期权数量；n 为缩股的比例；Q 为调整后的股票期权数量。

第三，配股：$Q=Q_0\times P_1\times(1+n)\div(P_1+P_2\times n)$。

其中：Q_0为调整前的股票期权数量；P_1为股权登记日当日收盘价；P_2为配股价格；n 为配股的比例（即配股的股数与配股前公司总股本的比例）；Q 为调整后的股票期权数量。

第四，派息、增发。公司在发生派息、增发新股的情况下，股票期权数量不做调整。

若在行权前有派息、资本公积金转增股本、派送股票红利、股票拆细、缩股或配股等事项，应对行权价格进行相应的调整。调整方法如下：

第一，资本公积金转增股本、派送股票红利、股票拆细：$P=P_0\div(1+n)$。

其中：P_0为调整前的行权价格；n 为每股的资本公积金转增股本、派送股票红利、股票拆细的比率；P 为调整后的行权价格。

第二，缩股：$P = P_0 \div n$。

其中：P_0为调整前的行权价格；n 为缩股的比例；P 为调整后的行权价格。

第三，派息：$P = P_0 - V$。

其中：P_0为调整前的行权价格；V 为每股的派息额；P 为调整后的行权价格。

第四，配股：$P = P_0 \times (P_1 + P_2 \times n) \div [P_1 \times (1 + n)]$。

其中：P_0为调整前的行权价格；P_1为股权登记日当天收盘价；P_2为配股价格，n 为配股的比例；P 为调整后的行权价格。

第五，增发。公司在发生增发新股的情况下，股票期权行权价格不做调整。

2. 股权激励计划的变更

一般情况下，公司若发生控制权变更、合并、分立，已授出的股权激励标的和股权激励计划不做变更。

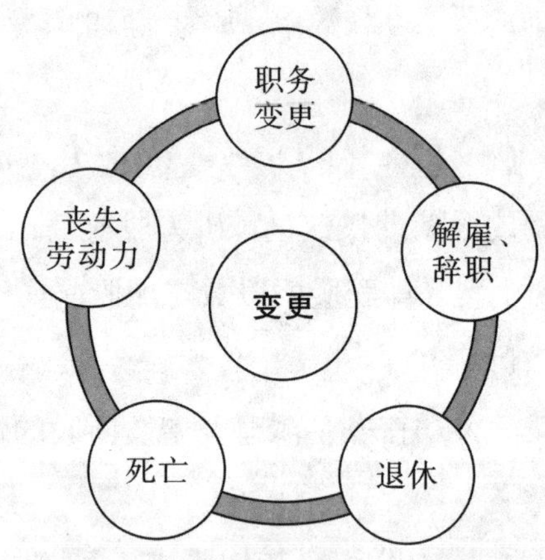

图 3－25　股权激励计划的变更因素

若激励对象发生职务变更、离职、死亡等变化，激励计划要做出相应调整（见图 3－25）。

第一，职务变更。激励对象因个人原因不能胜任工作岗位、考核不合格、触犯法律、违反职业道德、泄露公司机密、失职或渎职等行为严重损害公司利益或声誉而导致的职务变更，经公司董事会提名，薪酬与考核委员会批准并报公司董事会备案，可以取消激励对象尚未行权的股权激励标的。

第二，解雇或辞职。激励对象因触犯法律、违反职业道德、泄露公司机密、失职或渎职等行为严重损害公司利益或声誉而被公司解聘的，经公司董事会提名、薪酬与考核委员会批准并报公司董事会备案，可以自离职之日起取消所有尚未行权的股权激励标的；激励对象因个人原因辞职的，可以自离职之日起取消所有尚未行权的股权激励标的。

第三，丧失劳动能力。激励对象因执行职务负伤而导致其丧失劳动能力的，其所获授的股权激励标的不做变更，仍可按规定执行。

第四，退休。激励对象因退休而离职的，其获授的股权激励标的当年已达到可行使时间限制和业绩考核条件的，可行使的部分可在离职之日起 6 个月内行使，尚未达到可行使时间限制和业绩考核条件的不再行使。

第五，死亡。激励对象死亡的，自死亡之日起所有尚未行权的股权激励标的即被取消。

上市公司对已通过股东大会审议的股权激励方案进行变更的，应当及时公告并提交股东大会审议，且不得包括下列情形：导致加速行权或提前解除限售的情形；降低行权价格或授予价格的情形。

3. 股权激励计划的终止

上市公司股权激励计划的终止，多因法定终止原因的出现。

第一，因公司主体资格受限。当公司发生下列情形之一，应当终止实施股权激励计划，激励对象已获授但尚未行权的股权激励标的应当终止行使，由公司收回后予以注销：最近一个会计年度财务会计报告被注册会计师出具否定意见或者无法表示意见的审计报告；最近一个会计年度财务报告内部控制被注册会计师出具否定意见或无法表示意见的审计报告；上市后最近 36 个月内出现过未按法律法规、公司章程、公开承诺进行利润分配的情形；法律法规规定不得实行股权激励的；中国证监会认定的其他情形。

第二，因激励对象资格受限。激励对象出现如下情形之一的，不得向激励对象继续授予新的权益，已获授但尚未行使的股权激励标的应当终止行使：最近三年内被证券交易所公开谴责或宣布为不适当人选的；最近三年内因重大违法违规行为被中国证监会予以行政处罚的；具有《公司法》规定的不得担任公司董事、高级管理人员情形的。

实践中，除了以上法定原因，还有的公司因内外部环境发生变化而撤销股权激励计划，导致股权激励计划终止，如激励对象范围变化、资本市场波动、公司组织架构变动、公司战略方向调整等。

例如，2011 年 8 月九阳股份有限公司决定撤销 6 个月前提出的限制性股票激励计划草案。对此，九阳股份给出的原因为：一是年初公司新引进了一批中高端复合型管理、技术及销售骨干，也是迫切需要激励的对象，而原来的激励对象范围中尚未涵盖该部分骨干；二是因为 6 个月来央行多次上调存款准备金率并实施了加息，致使公司现有激励对象购买限售股的成本大升，风险加大，原计划实施起来有困难。

再如，2015 年 11 月，猛狮科技（002684）发布撤销《限制性股票激励计划（草案）》公告，给出的原因为：由于公司战略发展方向的调整，公司组织架构及管理层发生较大的变动，原有的股权激励计划已不符合公司战略发展的需要，因此公司董事会决定撤销《限制性股票激励计划（草案）》及其摘要，相关的《限制性股票激励计划实施考核管理办法》一并撤销。

非上市公司的股权激励计划不受法律限制，其终止多由内外部环境变化而引起。

融智——合伙人激励，寻找“取经”路上的同行者

乔布斯与沃兹尼亚克、马云与蔡崇信、雷军与黎万强、李安与林慧嘉等，这样一个个成功的合伙人组合，成就了一个个品牌企业。从某种意义上讲，合伙人的重要性超过了商业模式和行业的选择。

创业，首先要做的就是“寻找合伙人”，通过股权激励的方式，寻找“取经”路上的同行者，利益共享、风险共担，让创业不再是一个人的“单打独斗”。

4.1 “取经”路上的梦想合伙人

合伙制是对传统雇佣制的巨大颠覆，从资本雇佣劳动，变为资本与劳动的合作，从单纯的员工变为兼具股东身份的合伙人，资本与员工融合，权力与利益共享，风险与责任共担，员工之间更多体现为地位平等的合伙关系，使得内部的监督更有力，部门之间的隔阂不断变小，企业管理日益扁平化，效率更高。

4.1.1 合伙的意义

互联网时代的来临，各种创新的管理模式不断迸发，而合伙无疑是未来的一种趋势（见图4-1）。

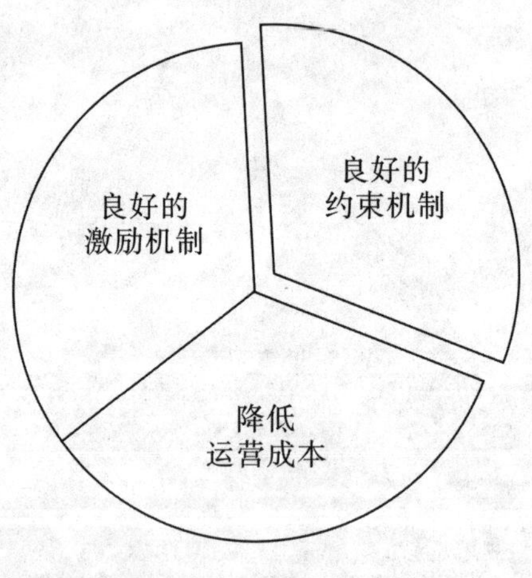

图4-1 “合伙”的意义

1. 良好的激励机制

合伙是一种良好的激励机制，通过股权授予，可以有效弱化个人和企业之间的矛盾，有助于端正经营者的心态，使其更加关注企业的业绩，勤勉尽责地为企业服务，努力提高营业收入，不断降低经营成本，以此提高企业利润，提高企业的凝聚力和竞争力。

2. 良好的约束机制

合伙的风险共担原则是一种良好的约束机制，有利于消除员工的一些短期行为，维持企业战略的整体性和长期性。

作为一般员工都会存在一种“不安全感”心理，这种心理促使员工为了获得短期利益而实施的一些行为，有时候可能会威胁到企业的长期利益和整体利益。合伙制通过股份授予的激励方式，使员工和企业结成长期的利益共同体，在心理上获得“安全感”，这对企业战略的顺利推行是一种保障；同时，促使员工更加关注企业的长远发展，自觉抵制一切损害企业的行为。

3. 降低运营成本

合伙制的组织结构简单，不存在复杂的层级制约结构，消除信息不对称问题，无论是内部操作还是外部决策，意见较易整合，且与经营效益相联系，故有利于降低管理成本，提高运作效率。另外，在纳税方面，由于有限合伙不是法人，不作为法律层面上的纳税主体，不需要缴纳企业所得税，而仅仅对合伙人个人征收税款，从而避免双重征税，降低运营成本。

4.1.2 合伙人必备的品质

寻找你的“梦想合伙人”是合伙创业第一步。电影 *Good Will Hunting* 里有一句话：“什么是你的心灵伴侣？那些可以跟你较劲的，那些能够毫无保留与你沟通的人，触动你心灵的人。”我们要找的合伙人也类似这样，有共同的梦想和价值观，经验丰富，能力强大，意志坚定，可以共患难，也可以同富贵（见图4-2）。

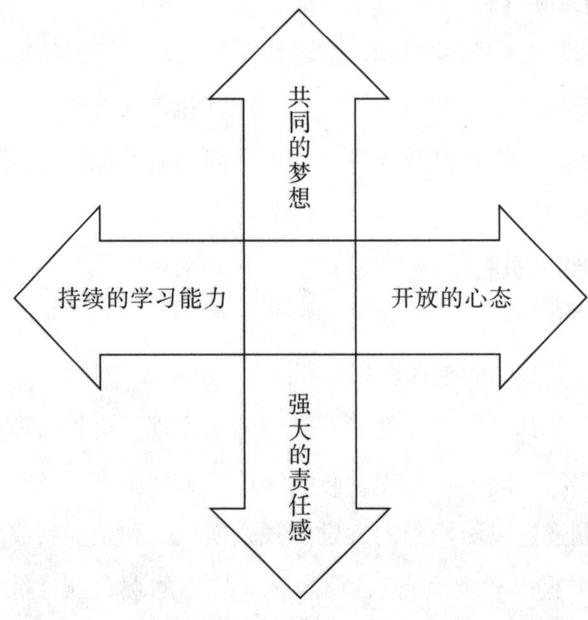

图 4－2　合伙人必备品质

1. 共同的梦想

只有拥有共同梦想的人，才能把创业视作共同的事业，当在核心问题上遇到决策分歧时，能够从大局出发，迅速形成共识。比如，因为共同的愿景，在聚美优品“301”大促期间，许多合伙人跟陈欧通宵不眠，寻找应对危机的办法。而如果合伙人只是利益之合，即使有股权作为纽带，一旦发生分歧也很容易出现个人利益至上，罔顾公司发展大局的现象。一旦合伙人的短期个人利益无法得到满足，原本在利益基础之上形成的合伙关系就很容易面临解体。

因此，“道不同不相为谋”，是我们在选择合伙人时必须谨记的道理。

2. 开放的心态

创业是一个艰辛的过程，加之每个人的经历不同，思考问题的角度不同，言行也有差异，一旦产生矛盾，只有怀有开放合作心态的人，才能以宽容大度的胸怀站在团队角度思考问题，发自内心尊重对方，理解对方，求同存异，尽量达成意见一致。

3. **强大的责任感**

责任感从本质上讲既要利己，又要利他人、利事业、利国家、利社会，而且自己的利益同国家、社会和他人的利益相矛盾时，要以国家、社会和他人的利益为重。对企业来讲，就是当自己的利益和企业的利益相矛盾时，要以企业利益、团队利益为重。只有拥有强大责任感的合伙人，才能具有驱动自己一生都勇往直前的不竭动力，才能在遇到风险时，敢于承担，积极改进，而不是相互推脱。

4. **持续的学习能力**

创业是一个长期的过程，而市场环境瞬息万变，只有具备持续学习能力的人，才能以不变应万变，做到兵来将挡、水来土掩。比如，很多全球知名企业，壳牌石油、通用电气、福特汽车等都极力推崇建立学习型组织，认为未来的企业必须都是学习型组织，否则就会被市场所淘汰。而未来的团队，也必须是学习型团队，企业未来的合伙人，更应该是具有持续学习能力的人。

4.2 “结婚”“离婚”，合伙人股权的进入与退出机制

合伙人之间之所以频繁爆发股权战争，除了股权结构设计上有瑕疵，还有一个原因是因为缺乏完善的股权进入和退出机制，即“结婚”“离婚”机制。

首先，我们在进入机制设计上，需要明白以下几类人可以是公司的合作者，但不应该按照“合伙人”的标准发放大量股权（见图4-3）。

图4-3 不应该发放股权的几类人

1. 不应该发放股权的几类人

第一，资源提供者。初创时期的公司，可能要借助很多资源才能发展起来，这个时候为了获得资源，创业者往往会向资源提供者许诺股权，把他们变成合伙人。而实际上，创业是一个艰辛的过程，公司价值的实现需要整个创业团队长期、全身心地投入，资源提供者一般喜好追求短期利益，不可能全职参与创业，建议优先考虑合作方式，给予项目提成，而不是股权绑定。

第二，兼职人员。兼职人员都是短期利益追求者，不应该按照合伙人的标准发放股权，但对于一些技术优秀、对公司有重大贡献的兼职人员，可以

按照外部顾问标准给予少量股权。

第三，投资人。创业投资的逻辑是：投资人投大钱，占小股，用真金白银买股权；创业合伙人投小钱，占大股，通过长期全职服务公司赚取股权。简言之，投资人只出钱不出力。创始人既出钱（少量钱）又出力。因此，天使投资人购股价格应当比合伙人高，不应当按照合伙人标准低价获取股权。

第四，早期普通员工。如果给早期普通员工发放股权，一方面会导致公司股权激励成本很高，另一方面激励效果有限。创业早期，公司的发展前景不明朗，员工也未必看好公司前景，给普通员工发放股权，可能会被认为有忽悠、画大饼的嫌疑，起不到激励效果。

但是，如果在公司成长期给员工发放激励股权，效果很好。

2. 进入机制设计

合伙人的股权进入机制设计，要注意以下几个要点（见图4－4）。

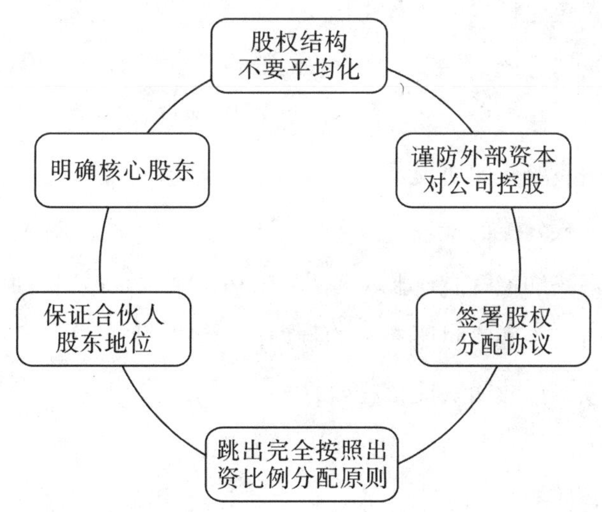

图4－4　股权进入机制的设计要点

第一，明确核心股东。很多股权纠纷，都源于大股东不清晰，例如真功夫，蔡达标和潘宇海从持股50%到47%，一直都处于对等局面，遇到意见分歧时无法集中决策，很容易产生纠纷。

因此，合伙人的股权分配，从一开始就要明确公司的核心股东及其拥有的权利，包括在股东会拥有的表决权和对公司的控制力。这样，即使在意见不统一时，也有可“一锤定音”之人。

第二，保证合伙人股东地位。风险共担、利益共享是合伙的特征。因此，我们在设计股权架构时，也要科学评估合伙人在企业的作用，保证合伙人的股东地位和持股比例，为未来合伙人并肩作战共进退打好基础。

例如，阿里巴巴从一开始就给予了十八罗汉股东地位，从阿里初创到发展壮大，十八罗汉和马云风雨同舟、不离不弃，随着阿里在港交所、纽交所上市，市值剧增，十八罗汉也是赚得盆满钵满，真正做到了合伙人之间同甘共苦。

第三，跳出完全按照出资比例分配股权原则。现代企业出资中，除了资金还有劳务、专利、知识产权等，所以，完全按照出资多少分配股权是不合理的。我们建议企业科学评估各类出资（资金、创意、技术、运营、个人品牌），跳出完全按照出资比例分配股权的原则，鼓励有特殊价值的股东和员工，发挥人力资本最大优势，增强公司竞争力，吸引投资者。

第四，签署股权分配协议。很多公司在早期创业时都只顾埋头苦干，仅在口头上约定股权分配比例。一旦公司成长起来，合伙人要求按照股权比例分享利润时，口头约定就很难服众，而如果在这个时候再去讨论股权怎么分，很容易使分配方式不能满足所有人的预期，导致团队出现问题，影响公司的发展前途。所以，创业团队应该在早期就签署书面股权分配协议，约定各合伙人的股权比例。同时，还应该约定股权兑现机制，公平保护合伙人之间的付出，激发各合伙人尽心尽力为企业效力，保证团队稳定，维持项目的长期战略。

一般来说，按照合伙人在公司工作的时间，股权分 4 ~ 5 年逐步兑现。比方说按照4 年兑现，从公司获得正式融资后开始计算，工作满第一年后兑现

25%，然后可以每月兑现1/48。这是对合伙人之间能够长久承诺、相互支持的保障。

第五，谨防外部资本对公司控股。外部资本控股不利于公司的长期发展。首先，创始团队感觉是在为别人打工，没有足够的工作动力；其次，没有预留足够股权利益空间吸引优秀的合伙人加入，影响公司长远发展；再次，外部资本对公司的实际经营状况了解有限，容易做出错误的决策。

因此，企业在做股权架构时，事先要考虑到未来融资对股权稀释的问题。一般来说一个公司从初创到上市，需要经过4到5轮融资，如果种子轮或者天使轮融资出让股权过多，超过15%以上都会对后面A轮不利，最好在10%以内，并且在后面的融资轮次中尽可能采用小步快跑的方式，多融几轮没关系，但每一轮都不要对股权稀释太多，确保核心控股股东地位。

第六，股权结构不要平均化。每个合伙人对公司的贡献都不可能一样，如果平均分配股权，自然会让付出多的合伙人不满，容易引发纠纷，导致项目半途而废；比较成功的模式是有一个核心大股东作为决策中心，另外搭配几个有话语权的小股东，保持不同意见的同时又能拍板决策。

3. 退出机制

公司在发展过程中总会遇到人员的波动问题，如果没有退出机制，很容易导致股权纠纷。例如，持有公司股权的合伙人因健康、家庭变故或能力等原因无法胜任合伙企业工作，离职时不想退股，其他合伙人不同意，却由于事先没有约定合伙人的退出机制，对合法回购退出合伙人的股权束手无策，这样就很容易导致股权纠纷。

因此，合伙企业在设计股权架构时，应该就退出机制的公平合理性充分沟通理解，并在协议中做出约定（见图4-5）。

第一，提前设定退出机制。在股东协议中设定股权退出机制，约定好在什么阶段合伙人可以退出公司，退出时的股权处理方式。这样，当合伙人退出公司后，其所持的股权按照一定形式退出，一方面对于继续在公司里做事

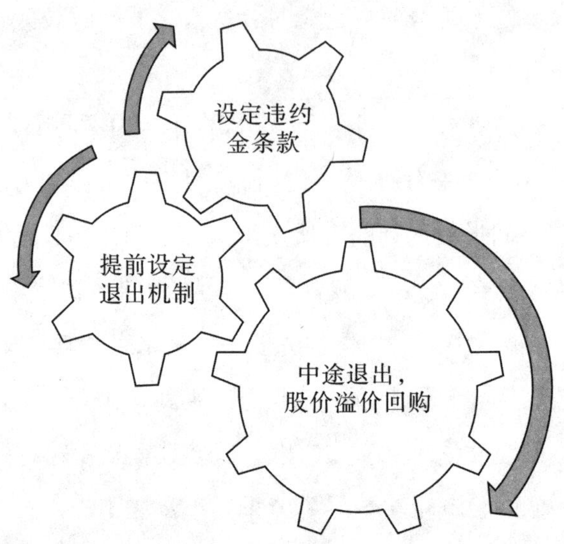

图4－5　合伙人股权退出机制

的其他合伙人更公平，另一方面也便于公司的持续平稳发展。

第二，中途退出，股权溢价回购。对于中途主动退出的合伙人，考虑到对公司的历史贡献及对公司文化建设的影响，退出时可以按照当时公司的估值或最近一轮融资估值对合伙人手里的股权进行适当溢价回购。

第三，设定违约金条款。为了防止合伙人退出公司但却不同意公司回购股权，可以在股东协议中设定高额的违约金条款。

4.3 “中国式合伙人”，如何科学分配股权

2013年，电影《中国合伙人》的上映引发社会热议，在创业路上的友情与背叛、激情与失落、成功与黯然背后，公司从创办到上市，合理的股权分配是其持续下去的“基石”。

实践中，影响股权分配比例的主要因素包括：

◆经验和资历的丰富度，比如拥有10年以上从业经验、丰富的创业背景。

◆对公司未来成长的贡献，比如有市场推广工作背景和优秀的新产品市场开发能力。

◆获取资源的能力，比如与大量业内优秀人才交好，熟悉产业上下游各环节，掌握多种营销渠道，容易获得质优价廉的原材料，容易获得风投机构和大客户的信任。

◆对产品、用户、市场的精通和了解，比如一个做互联网消费级产品的公司，合伙人有在腾讯4年的负责核心产品运营经验，及在著名外包公司6年的项目管理经验。

◆热情、专注、坚定的程度。比如执着于某一件事情，不轻言放弃，将时间都花在思考、研究、打磨、优化产品上。

◆人格魅力、领导力，能够吸引人才加入、鼓动团队士气、给大家持续注入愿景和理想，即使在最艰苦的时候也能保持团队的凝聚力。

合伙人的股权分配在本质上是根据每个人对公司未来的价值贡献而进行分配的，是对公司未来价值贡献的衡量，而不是今天谁出的钱多，谁就一定是老大。创始人可以将上述因素量化。

例如，考虑创意想法、技术贡献、资金贡献、渠道贡献、市场贡献等要素，评估各个要素的价值和各合伙人的相对贡献，将每个要素的权重设为0到10分，根据对企业的重要程度，给予不同的评分。比如广告传媒公司，对创意的依赖性大，那创意的重要性可能是7～8分；一家制造类企业，可能更依赖于资产，那资产贡献的权重可能是6～7分。

要素	权重
创意想法	
技术贡献	
渠道贡献	
资产贡献	
市场贡献	

接下来，各个创始人都可以基于这些要素来评估其贡献，谁提出的创业想法？谁开发的产品？谁有销售渠道？谁提供的办公资产？谁可以拉来风投机构？谁负责品牌推广？权重依然在0～10分之间。

要素	合伙人A	合伙人B	合伙人C	合伙人D
创意想法				
技术贡献				
渠道贡献				
资产贡献				
市场贡献				

然后，我们根据合伙人股权计算公式来分析如何分配股权。经过评估后，各创始人贡献和各要素权重评估如下：

要素	权重	合伙人 A	合伙人 B	合伙人 C	合伙人 D
创意想法	7	4	3	5	0
技术贡献	5	5	5	2	0
渠道贡献	4	1	0	1	3
资产贡献	3	0	2	2	0
市场贡献	4	0	2	0	5

我们把每个创始人在要素上贡献程度的分数，与该要素的重要性程度分数相乘，计算出加权分数。再把每个创始人的数字加起来，概括出总数，然后判定相对百分比。最后，进行一次合理性检查，判断一下这个百分比是否符合实际中的逻辑，并相应地对它们进行调整。

要素	合伙人 A	合伙人 B	合伙人 C	合伙人 D	
创意想法	42	21	35	0	
技术贡献	25	25	10	0	
渠道贡献	4	0	4	12	
资产贡献	0	6	6	0	
市场贡献	0	8	0	20	
分数合计	71	60	55	32	合计：218
股权比例	33%	27%	25%	15%	合计：100%

这是第一轮股权分配，在此基础上考虑召集人、信誉资产、各创始人承担的责任大小等因素，以及为投资者进入和未来的股权激励预留空间等，再进行适当调整，使股权分配更加合理。

股权结构是一个弹性可塑的动态交互模式，创业者应充分考虑公司的发展方向、经营状况和融资需求以及出资人价值、投资额、收益兑现等因素，在进行深入分析后合理分配股权，并根据公司的发展变化及合伙人变动等实时调整股权架构。

4.4 事业合伙人激励制

早在古罗马时期，我们就可以从“二人以上相约出资，经营共同事业，共享利益、共担风险”的合同条款中发现“合伙制”的痕迹。中世纪时期，在意大利商港形成的康曼达契约，已经使合伙人概念趋于成熟。

在现代社会中，大量的专业知识型企业如律师事务所、会计师事务所、咨询公司等都实行合伙制度。而在基金、信托领域，这一方式更是备受推崇。在目前的中国，行业领先企业如万科、阿里巴巴等，也都在这种模式的基础上，根据公司自身情况进行改良创新，推出了更加适合企业发展的合伙制。

万科成立于1984年5月，总部位于中国深圳市盐田区大梅沙环梅路33号万科中心，是全国首个年销售额超千亿元的房地产公司，也是中国最大的专业住宅开发企业。2016年上半年，万科营业收入747.95亿元，同比增长10.42%；归属于上市公司股东的净利润53.51亿元，同比增长10.42%。

但在业绩蒸蒸日上的背后，万科也曾遭遇过数次重大危机。2010—2012年间，万科人事动荡在部分区域公司管理层蔓延，多名高管离职、公司产品问题频现、销售额下滑、人心不稳，被万科总裁郁亮戏谑地喻为遭遇“中年危机”。

为了走出“中年危机”，万科积极调整管理战略，对雇佣制下的职业经理人机制进行革新，祛除雇佣制的弊端，在雇佣制共创共享的基础上增加风险共担，推出“共创、共享、共担”的事业合伙人制度。

万科事业合伙人制度主要包含以下内容（见表4－1）。

表4－1　万科事业合伙人制度主要内容

类别	适用人员	主要内容
项目跟投	一线公司管理层及项目管理人员，公司董事、监事、高管等	员工初始跟投份额不能超过项目资金峰值的5%，公司将对跟投项目额外受让跟投，其投资总额不超过该项目资金峰值的5%；项目所在一线公司跟投人员可以在未来18个月以内，额外受让此份额，受让时，按照人民银行同期同档次贷款基础利率支付利息（这一点很贴心）。另外，项目所在一线公司管理层和该项目管理人员是必须跟投人员。
持股计划	一定级别管理人员以年终奖购买公司股票	公司董事、监事及高管，总部及地方公司一定级别以上的管理者参与持股记挂；高管购买有下限、雇员购买有上限。
生态链合伙人制	产业链上下游	施工单位等产业链上下游企业对参与项目进行一定比例的跟投。

通过上述计划，万科重新界定了公司与员工的关系，将公司的业绩、股市的表现、投资的风险与员工、产业链上下游人员联系在一起，使所有人员都朝一个共同的目标努力，杜绝一切浪费、舞弊现象和疏忽大意、无所作为的行为。员工的收入也不再仅仅靠个人绩效考核来定，而是与公司的收益、项目的收益紧紧捆绑在一起，由雇佣体转变为利益共同体、事业共同体、命运共同体，让参与者在享受更多增量收益的同时承担风险，防止优秀人才的过度流失，提升管理层、员工和公司的黏合度，提升公司的运营效率。

4.5 湖畔合伙人激励制

阿里巴巴的合伙人制度又称为“湖畔合伙人制度”，该名称源自马云及其团队创建阿里巴巴的地点——湖畔花园。其主旨是通过制度安排，设立一个特殊的权力机构，将控制权牢牢掌握在创始团队手中，并吸引、留住、激励人才，传承企业文化，促进公司发展。

需要注意的是，阿里巴巴合伙人制度虽然使用了合伙人这一名称，却与《合伙企业法》定义的合伙人存在本质上的区别。

我国《合伙企业法》规定：在有限合伙制企业内，普通合伙人执行合伙事务，有限合伙人不参与合伙企业的经营，不得对外代表企业；有限合伙人以其认缴的出资额为限对合伙企业债务承担责任，普通合伙人对合伙企业的债务承担无限连带责任；有限合伙人可以用货币、实物、知识产权、土地使用权或其他财产权利作价出资，不得以劳务对合伙企业出资。

阿里巴巴的合伙人制度突破了上述法律规范，有着鲜明的特征（见图4-6）。

1. **阿里巴巴合伙制的特征**

截至2015年12月底，阿里巴巴的合伙人共有34名，分布在淘宝、阿里巴巴、蚂蚁金服、菜鸟网络、农村淘宝、小微金融等多个事业群，横跨人事、财务、法务、技术、运营等多个领域，包括来自美国、中国台湾及中国大陆的各色人员。

第一，身份不等同于股东。阿里巴巴要求合伙人必须持有公司一定的股份，但是合伙人退休或离开阿里巴巴将丧失合伙人资格（永久合伙人除外），

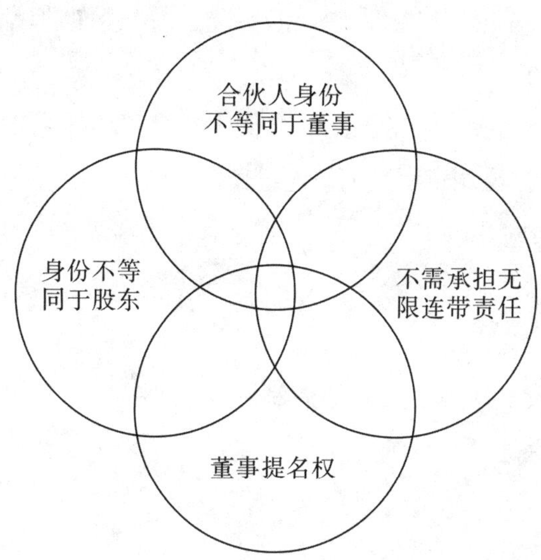

图 4-6　阿里巴巴合伙人制度的特征

这与只要持有公司股份就能保持股东身份不同。

阿里巴巴将合伙人分为永久合伙人和荣誉合伙人。永久合伙人将一直存在，除非是退休、死亡、丧失行为能力或被选举除名。目前阿里的永久合伙人只有马云、蔡崇信。永久合伙人的产生，可以由选举产生，也可以由退休的永久合伙人或在职的永久合伙人指定。如果永久合伙人不再是阿里巴巴的职员，则无法得到奖金池的奖金分配，除非他仍然是荣誉合伙人。此外，退休的合伙人还可以被选为荣誉合伙人，荣誉合伙人无法行使合伙人权利，但是能够得到奖金池的一部分奖金分配。

第二，合伙人身份不等同于公司董事。在阿里巴巴集团内部，董事会拥有极高的权力，但阿里巴巴合伙人主要权利是董事会成员提名权，并没有管理公司的权利。也就是说，合伙人拥有人事控制权，而非公司运营的直接管理权，这和合伙企业中合伙人往往还担任公司董事，直接参与公司运营管理不同。

第三，不需要承担无限连带责任。在阿里巴巴集团内部，合伙人的职责主要体现在完成和推广阿里巴巴的使命、愿景和价值观，并没有财产经济责任，也就是说，阿里巴巴合伙人履职的责任主要是精神和身份层面的，没有具体财产赔偿责任。

第四，董事提名权。阿里巴巴的合伙人拥有董事提名权。阿里巴巴的招股书中提到：“依据公司章程，阿里巴巴集团上市后，阿里巴巴合伙人有权提名阿里巴巴过半数董事（50%以上），提名董事需经股东会投数过半数支持方可生效。”

2. 合伙人委员会

合伙人委员会是阿里巴巴合伙人制度的核心，由5位合伙人组成，每一届任期3年，可以连任。目前，合伙人委员包括马云、蔡崇信、陆兆禧、彭蕾和曾鸣。

合伙人委员会有两项核心职能（见图4－7）：

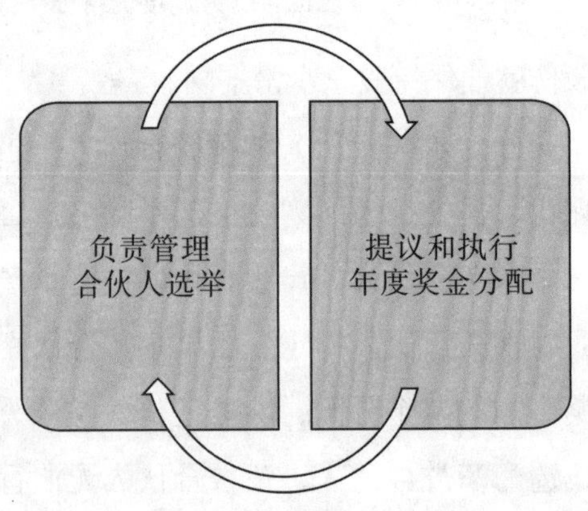

图4－7　阿里巴巴合伙人委员会的职责

第一，负责管理合伙人选举。也就是说任何被提名的候选合伙人必须经过合伙人委员会的确认才能成为正式的候选人。

第二，提议和执行年度奖金分配。阿里巴巴合伙人委员会可以向董事会的薪酬委员会提议高管的年度奖金池，并在董事会表决后，在董事会的薪酬委员会同意下给公司管理人员和合伙人分配奖金。

3. 完善的机制

除此之外，完善的进入、退出机制，也使阿里巴巴的合伙人制度维持公

司管理团队方面发挥了重大作用

第一，进入机制。根据阿里巴巴公布的资料显示，阿里巴巴合伙人的任职资格中的“客观”条件很简单：为阿里巴巴或密切关联公司工作 5 年以上。其他条件诸如“必须具有非常正直的人品、对公司发展有积极贡献，以及能传承公司文化或者愿为公司价值观竭尽全力”，都十分“主观”。但是，阿里巴巴要求每位合伙人必须拥有一定的阿里股份，由此可见，能够成为阿里巴巴合伙人基本都是通过公司的股权激励制度获得了阿里股权的高管。

第二，退出机制。根据阿里巴巴公布的资料，阿里巴巴的合伙人符合以下某一情形的，就丧失了合伙人的资格：60 岁时自动退休；自己随时选择退休；离开阿里巴巴工作；死亡或者丧失行为能力；被合伙人会议 50% 以上投票除名。

无论从哪个角度来讲，阿里巴巴的合伙人制度都是打造精英团队、吸引高素质人才的一把利剑。阿里巴巴的合伙人制度授予核心成员股份和投票权，让其分享公司成长的收益，促使员工更加积极主动地工作，也吸引了外部优秀人才加入，有助于团队建设。同时，这种制度并不是一个完全凌驾于阿里巴巴集团董事会之上的组织机构，也不是一个类似股东大会的机构，而是一个与公司管理层有密切关系，为公司的经营提供支持的机构，有助于强化管理层对公司的管理责任，促进公司的健康发展。

阿里巴巴的合伙人制度虽然比较特殊，但其本质仍然在于建立一套企业分配机制，转变职业经理人的身份，实现利益共享、风险共担的创业机制，为人才提供发展平台，帮人才实现人生价值，从而推动企业的成长。

融人——员工激励，在风口起飞

马斯洛需求理论把人的需求分成5个层次，由较低到高依次排列为：生理需求、安全需求、社交需求、尊重需求和自我实现需求（见图5－1）。

生理需求是人类维持自身生存的最基本要求，包括对空气、水、食物、睡眠、生理平衡、性的需求。生理需求是推动人们行动最首要的动力，如果这些需求（除性以外）任何一项得不到满足，人类个体的生理机能就无法正常运转。也就是生理需求的缺失将威胁人类的生命。

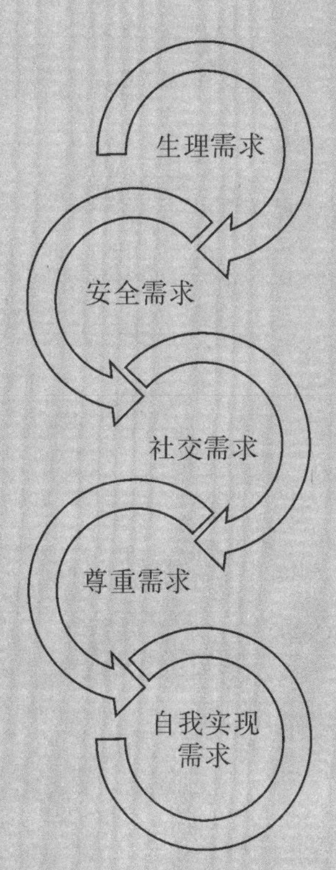

图5－1　马斯洛需求理论的5个层次

安全需求是指对人身安全、健康保障、资源所有性、财产所有性、道德保障、工作职位保障、家庭安全等事物的需求。马斯洛认为，整个有机体是一个追求安全的机制，人的感受器官、效应器官、智能和其他能量主要是寻求安全的工具，甚至可以把科学和人生观都看成是满足安全需要的一部分。

社交需求包括对亲情、友情、爱情等事物的需求。人人都希望得到关心和照顾。感情上的需求比生理上的需求来得细致，它和一个人的生理特性、经历、教育、宗教信仰都有关系。

尊重需求包括对自我尊重、信心、成就、对他人尊重、被他人尊重等事物的需求。人人都希望自己有稳定的社会地位，要求个人的能力和成就得到社会的承认。马斯洛认为，尊重需求得到满足，能使人对自己充满信心，对社会满腔热情，体验到自己活着的用处和价值。

自我实现需求是最高层次的需求，它是指实现个人理想、抱负，发挥个人的能力到最大程度，达到自我实现境界，接受自己也接受他人，解决问题能力增强，自觉性提高，善于独立处事，要求不受打扰的独处，完成与自己的能力相称的一切事情的需求。该层次包括对道德、创造力、自觉性、问题解决能力、公正度、接受现实能力等事物的需求。

随着科技创新带来的社会进步，人们的需求层次也不断提升，由生理需求、安全需求、社交需求、尊重需求逐步迈向自我实现需求。股权激励对发挥人的最大潜能，实现自我价值具有重要的作用。

美国哈佛大学教授詹姆士曾在一篇研究报告中指出：实行计时工资的员工仅发挥其能力的20%~30%，而在受到充分激励时，可发挥至80%~90%。在组织管理中，股权激励“恩威并重”，是企业鼓励员工发挥能动性、创造价值、实现业绩“起飞”的最常用方法。

5.1　高管激励，循序渐进定天下

高管是指公司管理层中担任重要职务、负责公司经营管理、掌握公司重要信息的人员，主要包括经理、副经理、财务负责人等。高管能力强、资源广，不仅对薪酬要求高，而且对未来分配期望也高。例如，知名职业经理人唐骏，在先后进入盛大网络公司和新华都公司时，都对薪酬和股权有“双高”的要求。

高管作为公司资源的管理者和决策者，事实上决定了企业的战略和发展前景，优秀的经营者能够让企业得到迅猛的、超越竞争对手及行业平均水平的发展，如IBM在郭士纳的带领下，重新认识市场，重新定位自己，实现了企业文化转型和领导力改革，最终摆脱困境，焕发新的活力，并且引领计算机产业走向一个新的高度。再如海尔的张瑞敏和联想的柳传志，都通过其卓越的领导力将企业带向一个新的发展高度。

高管对于任何企业来说都是最特殊和重要的一群人，企业的命运与其行为密切相关，如何让高管充分施展才能对顺利实现企业目标意义重大。

对高管而言，单纯的薪酬激励显然无法满足其“胃口”，只有通过股权激励，实现利益共享与风险共担，让优秀的高管人员完成从打工者向企业股东的转变，才能在留住人才的同时让其发挥最大价值。

但是，我们要把握一个原则，高管激励是一个循序渐进的过程，而不是一蹴而就的工具，在此原则基础上，制定如下方案（见图5－2）。

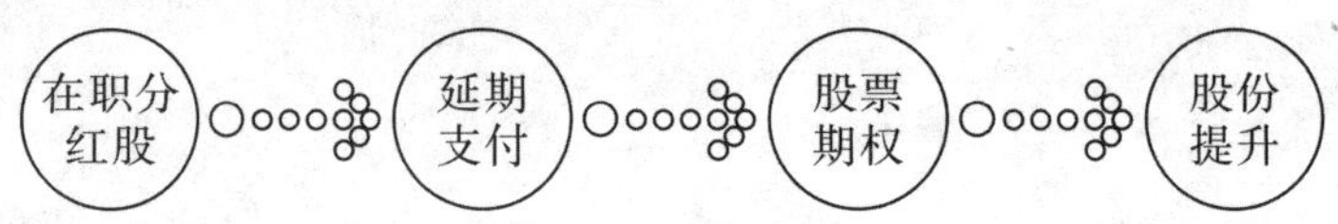

图 5－2　新进高管的激励方法

1. 在职分红股

对新来的高管，可以实行分红股激励，制定相关考核标准，在考核完成后，再考虑将其分红股转化为期股、期权或者业绩股份等。

例如，A 公司新招聘一名业务部经理，负责公司华北地区的所有业务。那么，我们以公司华北区的业绩为标的，建立相应考核指标，然后以考核指标分数作为参考依据，授予相应的分红股，年底参与分红。

假如公司去年华北区的业绩是 300 万元，前年业绩是 250 万元，今年的目标是 350 万元。根据业绩完成情况，公司给予不同奖励（见表 5－1）。

表 5－1　业绩分红表

业绩完成情况（n）	分红比例
n < 业绩目标的 80%	0
业绩目标的 80% ≤n < 业绩目标的 90%	公司总利润的 8%
业绩目标的 90% ≤n < 业绩目标的 100%	公司总利润的 9%
业绩目标的 100% ≤n < 业绩目标的 110%	公司总利润的 10%
业绩目标的 110% ≤n < 业绩目标的 120%	公司总利润的 11%
n≥业绩目标的 120%	公司总利润的 12%

假如该总经理今年完成业绩 400 万元，公司利润为 50 万元。那么，年底就可以分到 5.5 万元的利润分红。在这种动力下，该总经理会努力提升区域销售业绩，以确保获得更多收益，但如果中途离开，便意味着放弃全部分红收益，归公司所有。考虑上述原因，该总经理不会轻易离开，最终，公司保留了人才，也提升了业绩。

在完成一年的分红股后，公司可以对其做一个全面评估，考虑是否对其实行期股或期权激励，以进一步强化激励效应。

2. 延期支付

考虑到有时候高管一旦拿了分红收益，可能会离职走人，给公司带来损失，可以在做分红股激励之前，加一个延期支付锁定条款。比如规定如下：年底获得的红利，分三年派发，第一年派发60%，第二年、第三年各派发剩余的20%。前述案例中的总经理如果2013年有5.5万元收益，到了第二年可以先拿到3.3万元，第三年、第四年再拿到剩下的2.2万元。如果中途离开，便意味着放弃部分收益。

3. 股票期权

在实行完一年的分红股激励后，公司也对新进高管的工作能力有了一个大概了解，如果觉得各方面都不错，也认为该总经理值得拥有公司实股，那么，公司可以对其实行期权激励。比如，2014年，公司和该总经理约定，如果他在2014年完成相关业绩指标，达到考核标准，可以以1块钱一股的价格购买公司10万股的股份，当然也可以选择放弃认购。

到了2014年底，该总经理完成了指标，公司价值提升，发展良好，公司股价也上涨到了1.5元一股，此时，他有权选择以一块钱一股的价格购买该公司10万股股份，如果购进后出售，该总经理便净赚5万元。当然，需要考虑有关限制性条款，诸如一年之内不得出售等。

获授期权后，只要该高管努力提升公司整体价值，完成相关绩效指标，便意味着将来会获得更高的收益，这在一定程度上又激发了该高管努力工作的热情。

4. 股份提升

到了后期，综合评定该高管的表现，及公司战略发展需求，可以考虑职位晋升，同时，体现价值同等原则，股份比例也做相应调整，让其持有更多股份，进而为公司的整体利益尽心尽力。一旦公司获得风险投资资金或者上市，股份便出现一个更高的溢价空间，此时，公司溢价带来的收益是无法想象的，股权的财富效应也会在此得到彰显。

对高管人员实施配股计划，让其在享受薪酬的同时，还可以根据股份分享利润，有利于挖掘他们的潜能，给他们提供进一步发展的机会，满足他们自我实现的需要，真正实现与企业长期共同成长，实现职业人生价值。

5.2 时下英雄，业绩开花节节升

“时下英雄”是指那些对企业当下发展具有重要作用的人，比如掌握关键技术的技术骨干、掌握重要渠道的营销人员、负责产品推广的市场人员等。对于这类人员，我们可以授予“金手铐”，一方面利用股票期权、奖金红利等预期收入手段建立高管与股东之间的利益共享平台，留住人才，确保企业的可持续健康发展；另一方面，通过利益分享，最大限度地激发他们的潜能，为企业创造价值。

例如，采用期权模式，赋予“时下英雄”以约定的价格和时间购买公司股份的权利。由于角色的转变，员工认识到自己的工作表现直接影响到股票的价值，会更加努力工作提升公司业绩，进而使公司资产增值，每股价值提高，从而在行权时获得更大的回报。一旦激励对象通过努力提升公司股价后，选择出售股票期权获得升值收益，又会进一步激发他们工作的积极性。

考虑到“时下英雄”对公司发展的重要性，期权激励有必要对行权条件做出限制，比如，承诺服务期不少于几年，辞职离开则无法兑现等。

5.3 未来之星，“诗”和“远方”不再遥远

“未来之星”是指那些当下还不是公司的核心骨干，但是后劲十足，具备发展潜能和敢打敢拼精神，不久的将来，能成为公司中流砥柱的人才。对于这类人才，我们要做的就是制定相应的激励计划，为他们提供晋升的通道。

虚拟股权激励比较适合未来之星，获授者可以据此享受一定数量的分红权和股价升值收益，但没有所有权和表决权，不能转让和出售，在离开企业时自动失效，有助于调动积极性，激发创造性，留住人才，待他们在公司开始发挥顶梁柱的作用后，也考虑将虚拟股权转化为公司的实股，加大激励力度。

比如销售部门的业务骨干小张，工作努力，业绩卓著，公司升他为业务经理后，对其进行了虚拟股权激励，具体规定如下：如果 2015 年带领部门人员实现 500 万元的销售额，利润达到 100 万元，小张可以获得激励总额度 8% 的虚拟股权。

具体分配比例如下（见表 5－2）：

表 5－2　虚拟股权激励具体分配比例表

完成利润（n）	小张分红
n≥150 万元	激励总额度的 10%
120 万元≤n＜150 万元	激励总额度的 9%
100 万元≤n＜120 万元	激励总额度的 8%
80 万元≤n＜100 万元	激励总额度的 7%

（续表）

完成利润（n）	小张分红
60 万元≤n＜80 万元	激励总额度的 6%
n＜60 万元	无

这种激励方式下，小张要想获得更高的回报，就必须努力提高业绩，降低成本，提升公司的利润水平。被考察一段时间后，如果表现不错，也可以考虑将持有的虚拟股权转化为实股，同时伴随职位晋升。

采用这种激励方式，目标的设定非常重要，必须是在公司和激励对象双方都可以接受的范围内，否则会影响激励效果。

5.4 明日黄花，杯酒释兵权

“明日黄花”是指那些曾经为公司创造过辉煌业绩，但因为企业战略方向调整或产品结构变动，而在企业后期发展中失去顶梁柱作用的人员。对于这类人员，股权激励的核心目的并不是想让他们再为公司创造多高的业绩，而是希望通过一种激励方式让他们平稳、满意地退下来，为新人提供一个施展才华的空间，类似于宋朝皇帝赵匡胤“杯酒释兵权”，剥夺老臣的权力，同时又让这些功臣老有所依，后顾无忧。

杯酒释兵权是历史上有名的安内方略，发生在北宋初期。宋太祖赵匡胤为了加强中央集权，同时避免禁军军将也黄袍加身，使类似澶州兵变和陈桥兵变的历史重演，篡夺自己的政权，所以赵匡胤通过一次酒宴，采用和平手段，暗示高阶军官们交出兵权，这样不伤君臣和气就轻而易举地解除了大臣的军权威胁。对企业而言，如何才能让曾经的功臣巨匠平稳退下来，关系到企业未来的发展前途。

对明日黄花的激励，应该是奖励重于激励，一方面让他们“让位”，另一方面也给其他人树立了一个榜样，限制性股票是一种很好的激励方式。

限制性股票是指公司按照预先确定的条件授予激励对象一定数量的本公司股票，但激励对象不得随意处置股票，只有在规定的服务期限后或完成特定业绩目标时，才可出售限制性股票并从中获益。否则，公司有权将免费赠予的限制性股票收回或以激励对象购买时的价格回购。也就是说，公司将一定数量的限制性股票无偿赠予或以较低价格售予激励对象，但对其出售这种股票的权利进行限制。

对于非上市企业来说，这种方式叫限制性股份，将公司的股本均分，每一份代表一定的资本额，获授的激励对象需要为公司的发展而服务，将更多的时间和精力投入到公司的长期战略目标中。同时，限制性股份安排有禁售期，在禁售期限到期或行权授予之前，如果激励对象离开公司，限制性股票也会作废，且在未授予之前不能出售转让限制性股份。如果限制性股份是公司无偿赠予的，则公司无偿收回，如果是折价出售给经理人的，公司以原来折扣价进行回购。

限制性股票可以将竞业禁止条款作为限制条件，有效约束"明日黄花"的行为，避免他们到竞争对手那里工作，泄露公司机密，损害公司利益；同时，授予他们股份作为抚慰，因为可以分享企业成长的利益，在内退时更容易释怀；或者也可以让其继续在岗位上发挥余热，帮助新人成长。

融资——股权融资，玩转资本运营

随着中国多层次资本市场的建立和金融政策的开放，许多新型的融资渠道和方式不断涌现，很多创始早期的企业纷纷通过股权融资方式解决了起步资金。

股权融资以股权作为对价来吸引资本，具有白手起家、吸引合伙人、优化治理结构、提高企业知名度的作用，已成为现阶段企业实现融资的有效方式之一。

6.1 股权众筹，我为人人、人人为我

众筹一词源于英文 Crowdfunding，融合了众包（Crowdsourcing）和融资（Funding）两个词。顾名思义，就是利用众人的力量，集中大家的资金、能力和渠道，为个人或某项活动等提供必要的资金援助。

股权众筹是指以股权作为回报向大众筹资，获取企业发展所需的资金。具有门槛低、解决企业融资难、依靠大众的力量、带动社会经济良好发展的特点。例如，诚记餐饮管理有限公司、晟和牛肉文乐松店、美国知名的 VR 硬件生产商 Oculus 都曾采用股权众筹方式，解决了其创业路上的资金问题。

6.1.1 了解股权众筹的价值

通过股权众筹，创业者可以获取资金和资源，实现创业梦想；行业可以聚拢人才、孵化项目，持久发展下去；投资人可以获取更多的权益回报，降低政府投资压力。毫无异议，股权众筹的出现有着不可取代的历史意义。

1. 经济发展的需求

在“大众创业、万众创新”浪潮的推动下，我国经济开始发生深刻变革，各种创业空间、创新工场等孵化模式大量出现，为创业者提供了工商注册便利，简化登记手续。但这些孵化器并没有完全解决初创公司的资金问题。股权众筹以互联网为载体，连接线下初创公司，解决初创公司的融资难问题，为初创企业提供创业服务，可以说是时势所趋，符合经济发展需求。

2. 扩宽了融资渠道

金融的本质是为有钱人理财，为缺钱人融资。股权众筹的出现，可免除传统融资环节中烦琐的审批、调研、担保等环节，降低了信息不对称程度和交易费用，拓宽中小企业的融资渠道，使中小企业可以通过股权换融资的方式，增加获取更多资金的机会，提高融资的速度。

6.1.2 认识股权众筹主体

股权众筹模式参与主体有筹资人、投资人、众筹平台、托管人（见图6－1）。2014年12月，国家发布了《私募股权众筹融资管理办法（试行）》征求意见稿，对股权众筹主体做了详尽规定。

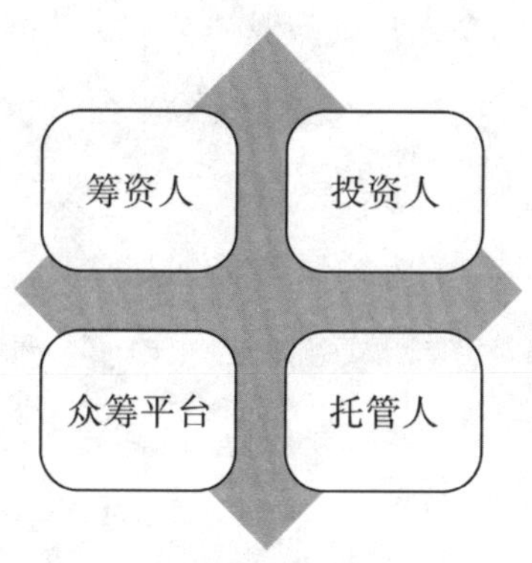

图6－1 股权众筹主体

1. 筹资人

筹资人通常是指融资过程中需要资金的中小企业或小微企业或其发起人，他们通过众筹平台发布企业或项目融资信息以及可出让的股权比例。

筹资人应当履行下列职责：向股权众筹平台提供真实、准确和完整的用户信息；保证融资项目真实、合法；发布真实、准确的融资信息；按约定向投资者如实报告影响或可能影响投资者权益的重大信息；证券业协会规定和融资协议约定的其他职责。

筹资人禁止的行为：欺诈发行；向投资者承诺投资本金不受损失或者承诺最低收益；同一时间通过两个或两个以上的股权众筹平台就同一融资项目进行融资，在股权众筹平台以外的公开场所发布融资信息；法律法规和证券业协会规定禁止的其他行为。

2．投资人

投资人是指符合下列条件之一，能辨识、判断和承担相应投资风险的单位或个人：投资单个融资项目的最低金额不低于100万元人民币的单位或个人；社会保障基金、企业年金等养老基金，慈善基金等社会公益基金，以及依法设立并在中国证券投资基金业协会备案的投资计划；净资产不低于1000万元人民币的单位；金融资产不低于300万元人民币或最近三年个人年均收入不低于50万元人民币的个人；证券业协会规定的其他投资者。

投资人应当履行下列义务：向股权众筹平台提供真实、准确和完整的身份信息和财产、收入证明等信息；保证投资资金来源合法；主动了解众筹项目投资风险，并确认其具有相应的风险认知和承受能力；自行承担可能产生的投资损失；证券业协会规定和融资协议约定的其他职责。

3．众筹平台

股权众筹平台是指通过互联网平台（互联网网站或其他类似电子媒介）为股权众筹投融资双方提供信息发布、需求对接、协助资金划转等相关服务的中介机构。

股权众筹平台应当具备下列条件：在中华人民共和国境内依法设立的公司或合伙企业；净资产不低于500万元人民币；有与开展私募股权众筹融资相适应的专业人员，具有3年以上金融或者信息技术行业从业经历的高级管理人员不少于2人；有合法的互联网平台及其他技术设施；有完善的业务管理制度；证券业协会规定的其他条件。

众筹平台应当履行下列职责：勤勉尽责，督促投融资双方依法合规开展众筹融资活动、履行约定义务；对投融资双方进行实名认证，对用户信息的真实性进行必要审核；对融资项目的合法性进行必要审核；采取措施防范欺诈行为，发现欺诈行为或其他损害投资者利益的情形，及时公告并终止相关众筹活动；对募集期资金设立专户管理，证券业协会另有规定的，从其规定；对投融资双方的信息、融资记录及投资者适当性管理等信息及其他相关资料进行妥善保管，保管期限不得少于10年；持续开展众筹融资知识普及和风险教育活动，并与投资者签订投资风险揭示书，确保投资者充分知悉投资风险；按照证券业协会的要求报送股权众筹融资业务信息；保守商业秘密和客户隐私，非因法定原因不得泄露融资者和投资者相关信息；配合相关部门开展反洗钱工作；证券业协会规定的其他职责。

股权众筹平台不得有下列行为：通过本机构互联网平台为自身或关联方融资；对众筹项目提供对外担保或进行股权代持；提供股权或其他形式的有价证券的转让服务；利用平台自身优势获取投资机会或误导投资者；向非实名注册用户宣传或推介融资项目；从事证券承销、投资顾问、资产管理等证券经营机构业务，具有相关业务资格的证券经营机构除外；兼营个体网络借贷（即P2P网络借贷）或网络小额贷款业务；采用恶意诋毁、贬损同行等不正当竞争手段；法律法规和证券业协会规定禁止的其他行为。

4. 托管人

托管人是众筹平台为保证各出资人的资金安全，监督出资人将资金切实用于创业企业或项目，以及筹资不成功的及时返回而选定的履行资金托管职责的人，一般由专门银行担任。

6.1.3 选择适合自己的众筹平台

只有选对平台，众筹才有可能成功，进入2015年以来，股权众筹平台如雨后春笋般层出不穷。众筹网站成百上千、参差不齐，面对各色各样的股权众筹平台，到底该如何选择适合自己的众筹平台呢？

目前，国内知名的股权众筹平台有以下几个（见表6－1）：

表 6-1　国内知名的股权众筹平台

序号	名称	网站
1	天使汇——天使融资众筹平台	http://www.idtsh.com/
2	原始会——中国股权众筹平台领军企业，卓越的互联网金融平台	http://www.yuanshihui.com/
3	人人投——草根天使投资放心、实体店铺融资省心的股权众筹网络平台	http://www.renrentou.com/
4	众众投——线上实体连锁合投平台，专业实体连锁股权投融资平台	http://www.zzt9.com/
5	天使街——专注生活服务的股权众筹平台	http://www.tianshijie.com.cn/
6	大家投——股权众筹融资平台	http://www.dajiatou.com/
7	创投圈——专注于早期项目的创业投资平台	https://www.vc.cn/
8	天使客——股权众筹，找项目找投资	http://www.angelclub.com/
9	众投邦——首家新三板股权众筹、互联网金融平台	http://www.zhongtou8.cn/
10	东家——京东股权众筹平台	http://z.jd.com/sceneIndex.html

股权众筹平台因为各自的优势和方向不同而有不同的定位，因此，筹资者需要根据自己的项目选择适合的众筹平台（见图 6-2）。

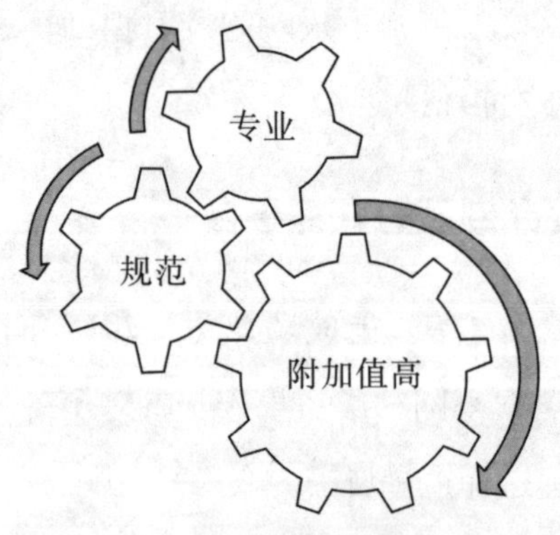

图 6-2　选择适合的众筹平台

1. **选择规范的众筹平台**

选择众筹平台时，最好能够选择有资质、有规模、合法合规的。从安全性的角度考虑来看，有大企业支持、有金融服务资质、规模较大的平台更可靠。因为众筹服务的本质就是金融服务，不管未来如何发展，正规、合法是首要的，筹资人可以从工商局、工信部、基金协会查询网站是否具备相关资质，相关业务是否正规、合法，有没有 ICP 证书；如果涉及私募基金业务，是否进行私募基金登记备案，是否具备私募基金管理人资质，有没有资格参与私募基金的管理与销售。

2. **选择专业的众筹平台**

众筹平台拥有专业化的管理团队，及股权交易协作能力和投资团队的协调机制，能全面了解和掌握项目情况，从而确保信息的准确传递，迅速而有效地将发起人的需求传递给投资者。

企业可以从团队背景、股东方主营业务与股权交易的协作能力、影响力、业务规模和网站流量、荣誉资质等方面进行考察。

例如，依托京东商城在消费电子产品领域的知名度及专业性，京东股权众筹平台天然拥有智能硬件产品众筹的优势；36 氪是中国领先的互联网创业公司服务提供商，本身具有科技媒体属性，聚集了百万 IT 读者，同时还发展 FA 业务，因此在创业项目的孵化方面更具专业性；ZIIBRA 是一个专业的音乐众筹平台，允许艺术家上传近期将要发布的歌曲，进行预售。参与其中的人数越多，则售价越低，此举旨在激励用户共享他们所买的唱片；ZAOZAO 是一个关于时尚设计的众筹平台，时装设计师可以在网站上发布自己的作品并从时尚爱好者那里获得用于生产的集资；Gambitious 是荷兰一个针对游戏的众筹平台，该网站将忠实的游戏玩家与游戏开发商联系在一起，游戏玩家可以购买所支持游戏的股权。

3. **选择附加值高的众筹平台**

每家平台能为发起人提供的众筹服务都不同，因此，需要了解每个平台提供服务的优缺点，选择那些后续能为你提供增值服务的平台，如方案优化、项目推广、渠道对接、零售宣传、吸引资本、退出支持，等等。例如天使汇提供的闪投服务，上午路演的项目，经过下午和投资人一对一的密谈之后，傍晚就能签订投资意向书；壹百倍加速器是投资者同时面对16位天使投资人宣传自己的项目，成功之后当场就可获得50万～300万元的投资资金，并且还会获得投资人为期100天的项目指导；天使汇大屏幕是天使汇联合深交所、中关村打造的为创业者提供的户外传播媒体，在黄金地段为创业者提供展示自己的机会。

6.1.4 打造属于你的众筹项目

古人云“凡事预则立、不预则废”，众筹也一样，在登陆众筹平台之前，要做好项目策划（见图6－3）。

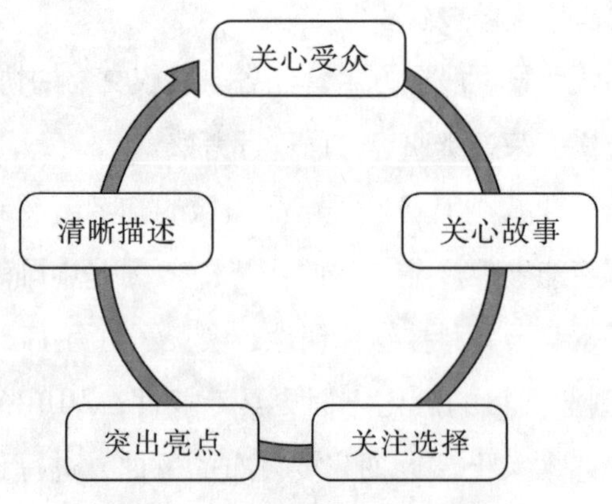

图6－3 众筹项目策划注意事项

1. 关心受众

发起众筹时，在保证项目属性不变的情况下思考：你的受众群体在哪里？他们需要什么？他们自身有着怎样的特性？项目如何满足他们的需求？如何用最简单的方式让受众明白你的项目？只有站在受众的角度充分了解他们的兴趣，才能让项目更加“平易近人”。

2. 关心故事

众筹项目的支持者往往更关注“为什么”要支持你，而不是你的产品

“是什么”，只有用故事引起支持者的共鸣，打动受众，才容易与支持者建立良好的关系。

一个好故事要满足以下 5 点：故事结构严谨、环环相扣；满足需要或愿望；关注为什么，而不是什么；把故事与自己联系起来；使用正确的语句。

3. **关注选择**

选择更契合项目属性，更接近项目受众群体的平台，有助于提高众筹成功率。例如你的项目是茶文化、刺绣、香道等传统工艺，那么专注文化类，聚集传统手工艺产品爱好者的众筹平台往往比大杂烩的平台更适合。

4. **突出亮点**

展示亮点，才能吸引投资人的关注。不妨将不同于大众产品的所有亮点“亮出”，让投资人“眼前一亮”。

例如，小牛电动车在京东众筹时，对其产品介绍覆盖了所有亮点：

联合德国 BOSCH 研发的新一代电机，高效输出、动力强劲稳定、全面提升爬坡能力。高性能刹车组件，辅以 EBS 电子刹车系统，可充分理解用户的行驶意图。

延续家族式灯光系统设计，采用更多科技元素，更加美观时尚。坚持安全为本的理念，让行车过程安全放心。

新增 11 大智能设计，包括自动感应大灯、自动回位转向灯、定速巡航、电子边撑开关、遥控器一键寻车、车辆自检测等，让 M1 可以更好地理解用户，进而做出智能响应。

多重防盗系统（智能 APP 实时定位、多重报警系统、整车防盗险），让用户放心上路。

超强续航能力，最高可达 120km 以上，比 N1 提高了 20km。

原装进口松下、LG、三星动力锂电池，电量更足、电池更轻，3 小时极速充满，重量仅 8.3kg，出行更加便捷。

小牛电动车的这些产品优势，的确让用户看到有希望解决当下电动车笨重、不智能、不防盗、充电时间长等问题，可谓是对用户痛点一击而中，是其众筹成功的关键因素。

5. **清晰描述**

对产品或服务以及他们的运作方式做出清晰的描述，保证投资人可以快速、轻松理解你的产品和业务，是众筹的最起码要求。试想一下，如果投资人看到的是一大堆模糊不清的语句，连理解都困难，怎么可能获得他们的投资。

例如，已在人人投上众筹成功的“易锁宝”对其项目的介绍就非常清晰（见图6－4）：

图6－4　“易锁宝”产品

采用独特的手机超声波进行解锁，不必开启蓝牙或 Wi－Fi，只需将手机靠近“咻一咻”即可打开智能锁，方便高效。手机发出的超声波每次都会变化，安全性高。用户通过 APP 管理自己的钥匙，也可以随时分享钥匙给朋友。即使手机丢失，也可以在其他手机上登录并立即修改密码。“易锁宝”着眼于智能 U 型锁和智能门禁两块细分市场，针对两轮车（电动车、自行车等）用户和智慧社区业主两类人群，让使用者摆脱携带钥匙的麻烦。

几句话将“易锁宝”的特点、性能、优势、使用方法、市场表述得清清楚楚，使人一看就明白。

6.1.5 熟悉股权众筹的流程

股权众筹的运作流程一般如下（见图6-5）。

图6-5 股权众筹流程

第一步，创业企业或项目发起人选择合适的股权众筹平台，向平台申请股权众筹服务，并签订合作协议，提交项目策划或商业计划书，并设定拟筹资金额、可让渡的股权比例及筹款的截止日期。

第二步，股权众筹平台对筹资人提交的项目策划或商业计划书进行审核，审核范围包括资料的真实性、完整性、可执行性、风险性、商业模式以及投资价值，并提出反馈意见，必要时要求发起人补充相关材料。

第三步，众筹平台审核通过后，在网络上发布相应的项目信息和融资信息。

第四步，投资人对众筹平台的众多项目进行筛选，发现有价值的项目并和企业进行前期沟通，如果觉得可行，投资人可以对企业进行调查考察，并与创业企业签署《投资意向书》、拟定投资条款、确定自身投资额度并拟写投资建议书。

第五步，目标期限截止，筹资成功的，平台按照收付款规则将筹集金额拨付筹资人，出资人与筹资人签订正式《投资协议书》，并开始实施后续投后管理，包括发展战略规划、现代企业制度建立、市场运营等；筹资不成功的，资金退回各出资人。

股权众筹大都会经过上述几个步骤，但在具体操作上每个平台又会有差异。比如，京东股权众筹的流程是这样的（见图6-6）：

（1）平台初步筛选项目；

图6-6　京东的股权众筹流程

（2）推介项目给领投的专业投资者；

（3）专业投资若确定项目可投，定下投资条款和融资额；

（4）向合格投资者发布，直至募满，投资门槛为每笔最低20万元；

（5）如果项目募满，超募部分门槛只需要5000元；

（6）投资者缴纳意向金；

（7）成立有限合伙企业再向企业投资，有限合伙由领投人负责投后管理，统一意见，不会让创业企业需要处理多头股东关系；

（8）京东负责投后的项目和投资人之间的沟通和适当经营情况信息披露；

（9）如果成功实现退出，跟投人拿出20%收益作为给领投人的回报。

6.1.6　规避股权众筹风险

股权众筹的法律风险主要来源于运营的合法性（见图6-7）。

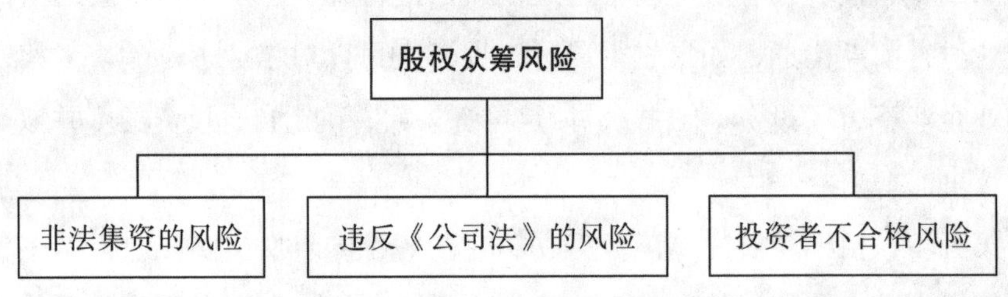

图6-7　股权众筹的法律风险

1. 非法集资的风险

股权众筹的发展冲击了传统的“公募”与“私募”界限的划分，使得传统的线下筹资活动转变为线上，单纯的线下私募也会转变为“网络私募”，很容易因涉足“公募”领域而触碰法律红线。

2010 年 12 月《最高人民法院关于审理非法集资刑事案件具体应用法律若干问题的解释》第一条规定：违反国家金融管理法律规定，向社会公众（包括单位和个人）吸收资金的行为，同时具备下列四个条件的，除刑法另有规定的以外，应当认定为刑法第一百七十六条规定的“非法吸收公众存款或者变相吸收公众存款”：（一）未经有关部门依法批准或者借用合法经营的形式吸收资金；（二）通过媒体、推介会、传单、手机短信等途径向社会公开宣传；（三）承诺在一定期限内以货币、实物、股权等方式还本付息或者给付回报；（四）向社会公众即社会不特定对象吸收资金。

股权众筹以互联网为载体，很容易触碰法律红线而被认定为属于公开向不特定人群募集资金而涉嫌非法集资。

另外，如果众筹平台在无明确投资项目的情况下，事先归集投资者资金，形成资金池，然后才进行招募项目，再对项目进行投资，也会陷入非法集资的境地，或者众筹平台在投资人、融资人不知情的情况下，私自将资金挪作他用，更有可能构成集资诈骗犯罪。

2. 违反《公司法》的风险

我国《公司法》规定有限责任公司的股东人数不能超过 50 人，股权众筹以原始股权作为回报，相当有吸引力，加之众筹成功后需要设立公司，即使限定于有限责任公司股权，也面临着投资者人数众多、股东人数可能突破《公司法》限制的问题，有一定风险。

3. 投资者不合格风险

《私募股权众筹融资管理办法（试行）》第十四条规定，私募股权众筹融资的投资者是指符合下列条件之一的单位或个人：《私募投资基金监督管理暂行办法》规定的合格投资者；投资单个融资项目的最低金额不低于 100 万元人民币的单位或个人；社会保障基金、企业年金等养老基金，慈善基金等社会公益基金，以及依法设立并在中国证券投资基金业协会备案的投资计划，净资产不低于 1000 万元人民币的单位；金融资产不低于 300 万元人民币或最近三年个人年均收入不低于 50 万元人民币的个人。上述个人除能提供相关财产、收入证明外，还应当能辨识、判断和承担相应投资风险。本项所称金融资产包括银行存款、股票、债券、基金份额、资产管理计划、银行理财产品、信托计划、保险产品、期货权益等。证券业协会规定的其他投资者。

由于对投资者的审查主要由股权众筹平台实行，如果平台不能尽到应有的审查义务，筹资人可能面临筹资失败或违反法律规定风险。

鉴于上述风险，企业在股权众筹过程中，应当采取以下防范措施：严格审查众筹平台资质；不向非特定对象发行股份；不向超过 200 个特定对象发行股份；不采用广告、公开诱导和变相公开方式发行股份；不发布风险较大的项目和虚假项目，不向投资者承诺收益或本金不受损失；不在众筹平台以外的公开场所发布融资信息。

6.2 股权融资，汇聚财富，白手起家

在企业融资的多种方式中，股权融资是最有效的一种，通过出让股权可以在短时间内汇聚财富，实现白手起家的梦想。股权融资所获得的资金，企业无须还本付息，新股东与老股东同样分享企业的盈利与增长，既可以充实企业的营运资金，也可以分散经营风险。

6.2.1 股权融资为企业带来的价值

股权融资是企业股东出让企业部分所有权获得资金的融资方式，债权融资是有偿使用企业外部资金的融资方式，二者的区别在于：股权融资是企业股东让渡一部分股权，使投资人成为股东，企业不用还债；债券融资需要还本付息，对企业资金压力较大，需要充裕的现金流。

股权具有长期性，融到的资金也具有长期性，除非投资人将股权转给其他股东；债券融资到了一定期限要还本付息，资金不能无限期使用。

股权融资引入的投资人和原有股东具有同样的地位，享受企业成长利益的同时需要承担经营风险；对于债券融资来说，借给企业的钱和收回的利息都是固定的，因此企业经营的好坏与债权人无关。

股权融资势必要稀释创始人股权，最终会影响公司的控制权，而债权融资跟股东的权益无关，不关乎企业控制权。

在不违反法律规定，符合双方约定的情况下，融资企业最后即使亏损、倒闭，也没有义务对股东进行赔偿；债权融资是借贷关系，企业即使亏损也有偿付义务。

股权融资的特点决定了能为企业带来成长价值（见图6－8）。

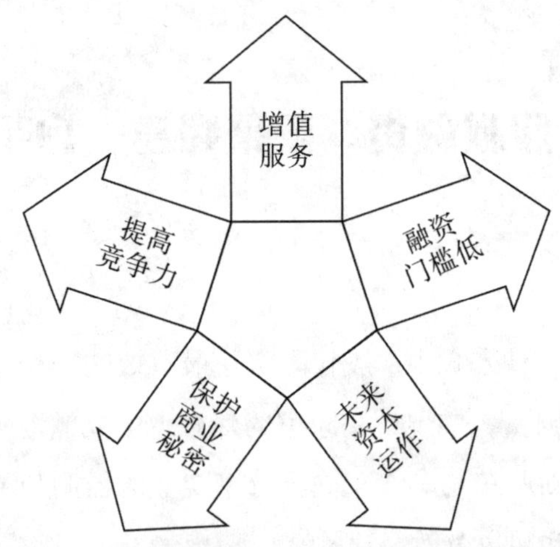

图6－8　股权融资为企业带来的价值

1. 投后增值服务

债权融资是一种借贷关系，提供者并不负有对企业的监督、管理义务，因此，企业也难以从中得到专业服务，对治理结构改善没有帮助。而股权融资既能为企业赢得资金支持，又能给企业带来管理、技术、市场和其他企业所急需的专业技能和经验，改善企业治理结构，提升企业价值。例如，清流资本、红杉资本、真格基金都在投后部门设立了“内部猎头”的职能，涵盖人员招聘、PR品牌、资本对接、财务法务顾问等，搜索网络高层次人才，帮助投资企业提升价值。

2. 融资门槛较低

相对于上市融资，私募股权融资不仅门槛低，而且方式灵活，安排周期短，更容易及时补充企业资金缺口。

3. 有助于企业未来资本运作

股权融资都伴随着对未来资本市场退出机制的考虑，投资机构利用其社会上的名望和资源，在资本市场上对公众投资人具有明显的号召力，将会十分有利于融资企业未来成功上市，以及提高上市后二级市场的估值。

4. 对商业秘密的保护

私募股权融资过程中，因为信息披露仅限于投资者与融资者之间，而不必像上市公司那样公之于众，可以对竞争者保密。同时，在私募股权基金对融资企业开展尽职调查前，通常需要签订双方的保密协议，这对于融资企业，尤其是具有核心技术壁垒优势，却又缺乏运营资金渠道支持的初创期或成长期企业非常重要。

5. 提高竞争力

股权投资机构不但具有提供资金的能力，而且具有在多个行业和领域的投资经验，且有成熟的管理团队和控制特定市场的能力，他们可以利用其声誉和关系网络为融资企业吸引最好的管理人才及治理机制，依赖自身资源帮助投资公司进入新市场和寻找战略合作伙伴，对企业进行财务、金融和法律等方面的价值再造和前瞻性战略指导，监控风险，拓展商业伙伴，发挥协同效应，降低成本和提高收益，增强竞争力。

6.2.2 常见的股权融资方式

常见的企业股权融资方式有以下几种（见图6－9）。

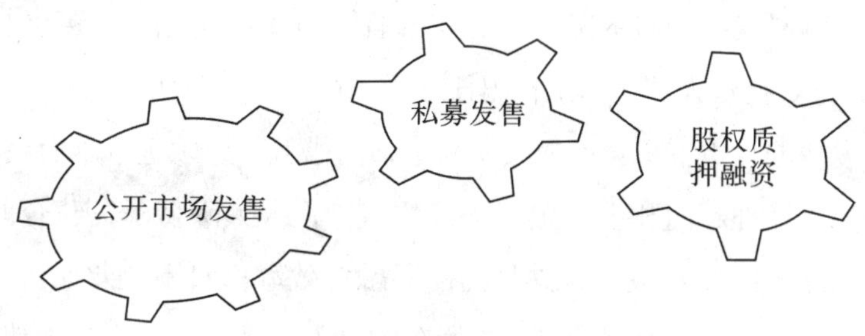

图6－9 股权融资方式

公开市场发售是指通过股票市场向公众投资者发行企业的股票来募集资金，包括我们常说的企业上市、上市企业的增发和配股都是利用公开市场进行股权融资的具体形式。

例如，2016年10月21日，万集科技（证券代码：300552）和集智股份

（证券代码：300553）登陆创业板，通过公开市场发售方式募集资金。其中，万集科技公开发行新股 2670 万股，发行价格 12.25 元/股，新股募集资金 3.27 亿元；集智股份公开发行新股 1200 万股，发行价格 14.08 元/股，新股募集资金 1.69 亿元。

与其他融资方式相比，企业通过公开市场融资有突出的优点：募集资金的数量巨大；原股东的股权和控制权稀释得较少；有利于提高企业的知名度；有利于借助资本市场进行后续的融资。

但由于公开市场发售要求的门槛较高，企业只有发展到一定阶段，有了较大规模和较好赢利才有可能用这种方式融资。

私募发售，是指企业自行寻找投资人，通过出让股权获得资金支持，待发展壮大后再通过管理层回购、协议转让等方式重新获取企业股权。对大多数中小企业而言，较难达到上市发行股票的门槛，私募发售是融资的主要途径。

例如，三好网通过私募发售方式完成了 3 轮融资。2014 年成立之初，三好网获得磐谷创投 1300 万元天使融资；2016 年年初，又获亦庄互联基金、沃衍资本、磐谷创投、金百朋共 7500 万元 Pre－A 轮融资；而仅 5 个月后，在 8 月初又获得清科集团领投的新一轮融资，且清科集团创始人、董事长倪正东和国际知名 PE 投资人罗德军亲自出任三好网董事。

私募发售的优点在于：产权关系简单，门槛低，无须进行国有资产评估，没有国有资产管理部门和上级主管部门的监管，大大降低了民营企业通过私募进行股权融资的交易成本，并且提高了融资效率；对于企业而言，私募融资不仅仅意味着获取资金，同时，新股东的进入也意味着新合作伙伴的进入，私募机构利用其专业知识、管理经验和广泛的商业网络为企业提供一系列投后服务，协助企业正确决策发展战略、建立现代化管理制度、招募高级管理职位、强化内部系统、优化资本结构等，从而实现企业高效率低成本运营、业绩和市场双重增长，帮助企业价值全面提升。

股权质押融资是指企业以其所拥有的股权作为质押标的物而设立质押，

获得融通资金的融资方式。

在融资过程中，出质人是指提供股权保证履行债务的人；质权人是接受出质股权享有变现权利的债权人。

相比于传统的融资方式，股权质押融资也有优势。股权质押只需要在企业股东和质押权人协商后即可将“静态”股权资产转化为“动态”资产，在股权质押期间，除转让股权和收取红利受到一定限制以外，出质人仍享有股东与出资人的地位，股东权利基本不受影响，具有时间短、方式灵活和不稀释股权的特点。

例如，新三板挂牌企业中山鑫辉精密技术股份有限公司，是中山最大的集设计与制造为一体的五金精密加工厂之一，由于企业自身经营发展需要，计划 2015 年进行技术改造以及厂房建设以扩大规模，产生一定资金需求。但是，企业能提供的抵押物较少，通过传统银行授信方式较难获得银行授信。为此，企业创新融资方式，向中山中行质押股权 6000 万股，获得贷款 1200 万元，解决了企业资金问题。

6.2.3 制定你的商业计划书

商业计划书（Business Plan）在融资过程中扮演着极为重要的角色，是顺利融资的“敲门砖”，具有以下三大核心作用：

第一，是创业者和投资人快捷沟通的有效工具，是企业融资的敲门砖；

第二，对市场、竞争、成本、技术、商业模式等做系统性分析，梳理项目思路，使创业理念得到认可；

第三，是企业战略实施提纲，对创业阶段的目标、人物、执行起到科学指导的作用。

商业计划书最好采用 PPT 形式，将内容浓缩在 15 ~ 20 页之间，基于以下 7 大核心内容进行针对性地阐述。

表6-2　商业计划书PPT拟定内容规划建议表

序号	提纲	关键词	内容	建议页数
1	摘要	基本情况	介绍项目的基本情况	1P
2	公司基本情况	痛点、解决办法、愿景和目标	阐述你要做的事情，对象是谁，解决了什么痛点，已经取得了什么样的效果，将来想成为什么样的公司。	2~3P
3	商业模式	收入模式、目标客户、定价方式、销售和渠道	简单明了地向投资商展示你向谁提供产品或服务，你的产品或服务主要内容是什么，你怎么收钱，以及你的产品或服务是如何制作与提供的，等等。	2~3P
4	市场及竞争格局	市场份额、竞争对手、差异化、竞争壁垒	用图表或数据分析的方法对产品或服务的优势、劣势、机会、威胁进行分析，包括所拥有的市场空间，在当前市场的占有率，竞争对手情况，进入新行业的优势、壁垒。	1~2P
5	实施计划	阶段性战略目标	产品如何推广，公司如何扩张，打算用多少时间做到什么样的业绩，希望占有多少市场份额，能给投资者带来多少回报。	1P
6	团队介绍	经验、资源、能力、股权结构	创始团队的从业背景、市场资源、技术实力、业务担当、企业治理结构、股权分配。	1P
7	财务规划	盈亏平衡点	用数据、图表展示企业的盈亏平衡点，当下的营收势头，突出业务增长率，让投资者看到你是一支“潜力股”，以及需要匹配的融资规模。	1~2P
8	风险及控制措施	风险、控制措施	针对项目风险阐述防范措施，展现出对融资项目的把控力度和信心。	1P

具体编制过程中，我们应该把握以下几个原则（见图6－10）。

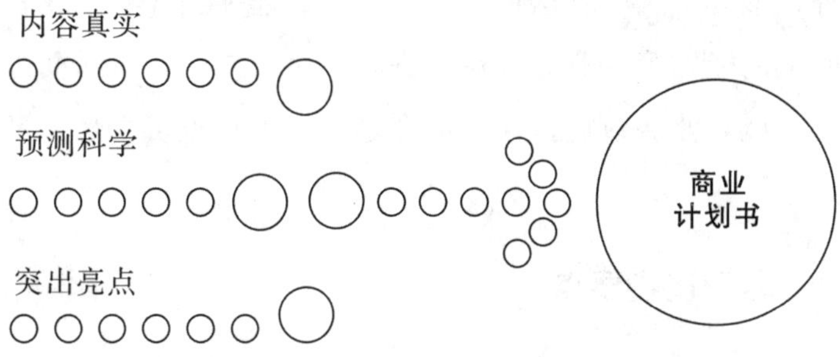

图6－10 编制商业计划书的原则

1. **内容真实**

商业计划书涉及的内容以及反映情况的数据，必须真实可靠，不允许有任何偏差及失误。其中所运用的资料、数据，都要经过反复核实，以确保内容的真实性。

2. **预测科学**

商业计划书是对事件没有发生之前的研究，是对事务未来发展的情况、可能遇到的问题和结果的估计，具有预测性及前瞻性。但这种预测不是随意的浮夸，而是在进行深入的调查研究、充分的资料分析后，根据项目的实际运营情况，运用科学方法做出的预测。

很多商业计划书一开头就是大话连篇，从宏观经济说到世界形势，或者进行诸多预测，如："目前市场有多少用户，如果大家都使用我们的××，我们就有多少用户……"或者"预计明年收入100万元，后年收入1000万元，第三年上市，成为下一个阿里巴巴"等。其实，这些都是不切实际的幻想，投资者不但不会感兴趣，反而会认为你对项目的思考不深刻，没有属于自己的创新。

3. **突出亮点**

现实中，一个投资者每年都会收到近千份商业计划书，如果把被忽略的去掉，最少也会看过500多份。把握关键点，突出项目亮点，往往能在降低投资人思考成本的同时加大成功融资的概率。

一般来说，商业计划书的亮点包括：市场规模、市场增长率以及市场政策红利等；核心团队中有出自名企、名校、连续创业者，或者有特别与项目需求匹配的能力等；业务针对后进入者有壁垒，针对同期进入者有竞争优势；已开展的业务数据呈快速上升趋势；上轮投资人是知名个人或者知名机构；等等。

6.2.4 尽职调查要点

尽职调查是融资过程中投融双方解决信息不对称问题，进行价值谈判的基础，融资企业应该本着“宜未雨而绸缪，毋临渴而掘井”的原则，事先了解尽职调查要点，做到有备无患。

尽职调查包括法律尽职调查、财务尽职调查、业务尽职调查（见图6-11）。

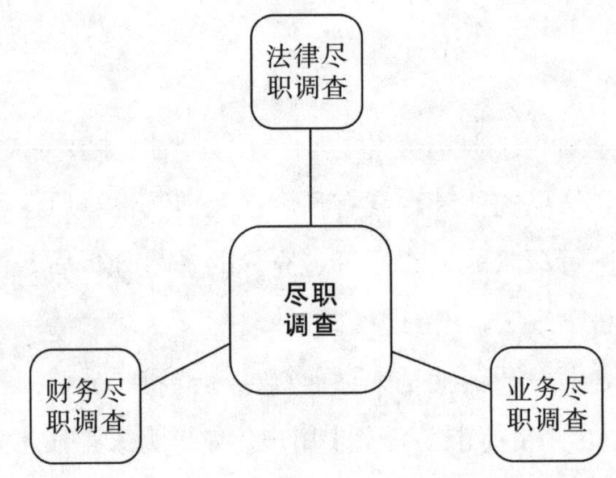

图6-11 尽职调查的类别

根据实践经验，各要点如下（见表6-3）。

表 6－3　尽职调查要点表

类别	项目	内容
法律尽职调查要点	公司主体	关注其成立情况、注册登记情况、股东情况、注册资本缴纳情况、年审情况、公司的变更情况、有无被吊销或注销等情况。
	公司的董事会决议、股东大会决议、纪要等	审查有关的董事会与股东大会是否依法做出决议，有无达到法定的或章程中规定的同意票数，投票权是否有效等，以确保程序上无瑕疵。
	公司资产	关注目标公司的土地及房产设备等有形资产：调查土地房产的用途如何、能不能转让、使用权或所有权期限多久、权利是否完整受限、有无瑕疵、有无可能影响该权利的事件，如政府征用、强制搬迁等在短期内发生，取得该权利时的对价是否已付清，有关权利的证书是否已取得，有无出租或抵押，出租或抵押的条件如何，等等。调查机械设备的来源、性质、转让限制和有关转让手续的办理。
	知识产权	关注目标公司拥有的知识产权存在的形式及风险，有无侵权诉讼。
	关键合同与合同承诺	关注目标公司控制权变化对关键合同的影响，特别注意贷款合同、抵押合同、担保合同、代理合同、特许权使用合同中是否有在目标公司控制权发生变化时，需要提前履行支付义务，或终止使用权或相关权利等的规定，以防使并购人丧失某些预期利益或权利。
	公司的职工安置	关注目标公司所提供的福利水平以及终止合同前所需要的通知时间以及可能的赔偿。
	公司的债权债务情况	关注目标公司潜在的债务和已有的债务。包括有无欠缴税款，有关目标公司方面的税收政策国家是否有做调整性、优惠性规定等，以避免并购方承担将因补税和罚款而增大的负担；对环保进行调查，了解公司对有关环保许可证和许可的遵守、是否有有毒危险物质对场地和地下水的污染等，环保部门有无发出整改制裁通知等。以避免环保产生的罚款、限期整改、停产等责任。

（续表）

类别	项目	内容
	公司的重大诉讼或仲裁	关注目标公司是否有诉讼或仲裁程序影响到目标公司，包括实际进行的、即将开始的或者有可能产生的程序。
	必要的批准文件	涉及国有股权转让、专营、许可经营的并购，需要事先审查目标公司有无批准的批文，及该批文的真实合法有效性。
财务尽职调查要点	财务组织	财务组织结构图及财务团队整体工作能力；年度经营计划及预算编制；财务分析体系；财务管理模式。
	会计核算报告	会计报告体系；采用的会计政策；企业薪酬、税费政策；内部交易及关联交易会计政策。
	财务数据	货币资金、营业收入、营业成本、负债、应收票据、应收账款、其他应收款、存货、固定资产、无形资产、应付账款、其他应付款、预售账款、实收资本、资本公积变动等是否正常。
	税费	了解企业适用的税种、税率，有无税收优惠政策等；判断有关税收减免项目是否真实、手续是否完备；关联交易的税收计算缴纳是否正确。
业务尽职调查要点	供应情况	关注公司业务中所需的原材料种类及其他辅料，以及各原材料需求中的比重；公司原材料主要供应商的情况，各供应商所提供的原材料在公司总采购中所占的比例及供货周期，公司有无与有关供应商签订长期供货合同；公司有无进口原材料，该进口原材料的比重，国家对进口该原材料有无政策上的限制；公司与原材料供应商交易的结算方式，以及有无信用交易；公司对主要能源的消耗情况。
	业务及产品情况	关注公司的主营业务，以及主营业务在整个业务收入中所占的比重；主营业务所处行业背景、发展前景；主营业务增长情况，包括销量、收入、市场份额、销售价格走势，各类产品在公司销售收入及利润中各自的比重；公司产品系列、产品结构、产品需求状况。

（续表）

类别	项目	内容
	销售状况	关注公司主要客户情况，及主要客户在公司销售总额中的比重；公司产品国内主要销售地域、销售管理及销售网络分布情况；公司产品国内外销售比例、外销主要国家和地区分布结构及比例；公司在国内外市场上主要竞争对手名单及主要竞争对手资料，公司和主要竞争对手在国内外市场上各自所占的市场份额；公司对售后服务的安排；公司的赊销期限、赊销部分占销售总额的比例多大。
	研究与开发能力	关注公司研发组织结构，主要研发人员履历、研发能力，新产品研发周期；与公司合作的主要研发机构名单及合作开发情况；公司自主拥有的主要专利技术、自主知识产权、专利情况；公司每年投入的研究开发费用及占公司营业收入比例；公司目前正在研究开发的新技术及新产品，未来计划研究开发的新技术和新产品；对比市场上的新产品，探究公司是否具有强大的创新能力。

6.3 股权众筹，助力《大圣归来》成功逆袭

2015年夏天，估计不少人的朋友圈都被《大圣归来》给刷爆了。上映28天票房超过8亿元，从上映首日仅有8.7%的超低排片率到打破中国动画电影史上的票房纪录，《大圣归来》已然华丽丽地完成了“逆袭”。

有意思的是，《大圣归来》出品人路伟通过朋友圈发起的那个名为“给未来的礼物”的股权众筹项目成了电影之外最为人津津乐道的一个现象级话题。

2014年12月，耗时8年的《大圣归来》进入到最后的宣传发行阶段，因为拒绝了投资方改剧本的要求，资金上捉襟见肘，再加上缺明星、缺话题、缺颜值等一系列问题，发行人路伟想到了众筹模式，在朋友圈发了一条消息为《大圣归来》的宣发经费进行众筹。

出乎意料的是，不到5小时的时间便筹集了500多万元，一个星期之后，《大圣归来》共筹集了780万元，有89名投资人参与。他们以个人名义直接入股了《大圣归来》的领衔出品方“天空之城”，直接参与到这部投资合计约6000万元的电影项目中，解决了资金问题最终使这部影片取得了口碑与票房的双丰收（见图6－12）。

《大圣归来》众筹成功的因素有：

1．兴趣

电影作为一个文化娱乐项目，众筹能否成功首先取决于它能否创造兴趣。在移动互联网时代，人们的时间日益碎片化，注意力因此变得稀缺，只有兴趣能够聚集注意力资源。众筹的特点是拥有良好的“群众基础”，再加上将容易制造话题的电影项目作为众筹标的，本身就具有强大的吸睛效果，有利于

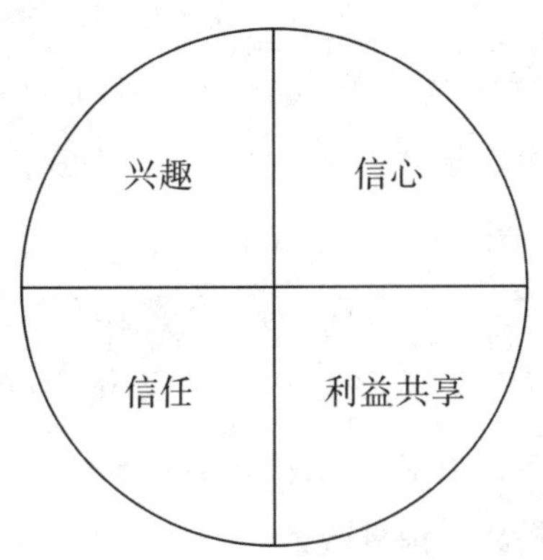

图 6－12　《大圣归来》众筹成功的因素

吸引受众兴趣，筹集资源和粉丝。

2. 信心

众筹能否成功和投资人对项目的信心与否关系重大。《大圣归来》众筹项目发起人路伟毕业于中国人民大学，学的是金融投资专业，曾任职于中国银行深圳分行，有着八年金融产业从业经验，两年传媒产业管理经验。其跨界影视和金融的身份，让他对作品的品质、市场价值有一个比较合理的判断，能时刻把握观众的品位和需求，加之具备“操盘手”和“出品人”双重角色，有能力动用各种渠道让项目在媒体上不断曝光。这些都让投资人对项目的品质抱有信心。

3. 信任

参与《大圣归来》此次众筹的投资人主要有三类：金融圈、上市公司和电影界的朋友，是一个相对私人化的众筹模式。出于对《大圣归来》发起人的信任，89 名投资人每个人都高度参与影片的宣传与发行，为影片出谋划策、贡献资源。据报道，在北京的三里屯、世贸天阶，上海的人民广场，甚至地理位置偏远的新疆喀什，部分投资人为该片提供了长时间的免费户外广告。而在上映初期，他们又成了影片的第一批“铁粉”，不仅包场 200 多次，还动用各自的渠道为电影“预热”，成就影片营销口碑的起点。

4. 利益共享

众筹是一种投融资行为，强调利益回报，相比产品众筹，股权众筹更明显，资源互换和利益共享才是其最终目的。《大圣归来》“电影+众筹”的组合模式让人眼前一亮，在影视产业领域推“社交金融”的形态，让用户离电影更近。这不仅是一种营销手段，也是一个收益不菲的商业模式，众筹参与者用自己的资金与资源换取《大圣归来》有形和无形的回报，除了可以获得高于投资额数倍的票房分账收益，还将分享未来影片的所有增值收益，比如游戏授权、新媒体视频授权、海外收入分账、衍生产品销售等。

6.4 “摩拜单车”1 亿美元融资的背后

2016 年 9 月 30 日，摩拜单车完成了 1 亿美元的 C 轮融资，此次融资由高瓴资本、华平投资集团领投，红杉资本、启明资本等跟投，这距离其 9 月初宣布 B 轮融资完成的消息还不足 1 个月。短短时间里，摩拜单车就成了资本市场最受追捧的对象，其背后的战略值得我们深思。

传统的城市单车租借系统要先办卡，随身携带，到指定的地点才能租车。“摩拜单车”无须办卡，用户只需使用一部手机就可完成“借—骑—还”这个闭环。通过手机 APP，用户可以定位离自己最近的自行车（见图 6 - 13），通过扫描二维码解锁便可骑车，用完之后，也不必满世界寻找停车桩，可以停在就近的公共场合，上锁时自动计费、扣费，下一个用户通过手机定位即可发现这辆车。这对被城市交通困扰的白领而言，无疑是雪中送炭之举，同时也避免了传统租车方式大量建造停车设施带来的城市资源和空间的浪费。

就产品本身来说，“摩拜单车”聚焦新技术，采用传动系统技术，利用了锥齿轮能够交叉轴传动的原理，用两组锥齿轮传动，代替了链传动，排除了传统单车使用过程中掉链子的风险，减小了事故的发生率；摩拜单车在车锁中采用防盗技术，设置报警模块，由 CPU 和各模块形成了防盗锁，防盗锁在防盗通信设备的配合下，接收由自行车的防盗锁发送的定位信息并管理该自行车的定位信息，可对自行车的防盗锁直接进行控制；采用自充电技术，在轮轴上设置电机系统，能够利用从离合器单元传输来的力带动转子转动，转子和定子的相对运动在线圈中产生感应电流为车辆的电池充电，实现电量的自给自足。

图 6－13　摩拜单车定位系统

从运作模式来看，“摩拜单车”遵循共享经济理念，其自建的单车共享系统，通过单车的分时租赁，与地铁、公交、出租车、专车形成有效互补的闭环，不但可以有效缓解城市交通压力，极大地提高用户的出行效率，而且与巨头形成差异化竞争，创造盈利空间。

作为一款解决用户高频刚需的产品，“摩拜单车”的无桩理念让用户的租车和还车更简单，严谨的制造工艺让单车更加安全耐用，引领了低碳生活潮流，推动了骑行文化的发展，对缓解交通拥堵，减少环境污染都贡献极大，未来将具有较大的成长空间，这些毫无疑问证明了摩拜单车的用户需求分析及运营方式是正确且成功的，融资也就显得轻而易举。

掌控——股权控制，七招抵御“野蛮人”入侵

无论是激励、众筹，还是融资，都涉及股权出让的问题，如果运营不好，创始人可能失去对公司的控制权。

“万科股权之争”从2015年下半年开始，持续近两年的时间，随着恒大举牌的加入，万科、华润、宝能、恒大多方混战愈演愈烈。面对宝能系强势举牌成为万科第一大股东，王石明确表态不欢迎，万科创始团队陷入了失去公司控制权的危险境地。

那该如何反击此类“野蛮人”入侵？使用以下7招，往往能出奇制胜（见图7－1）。

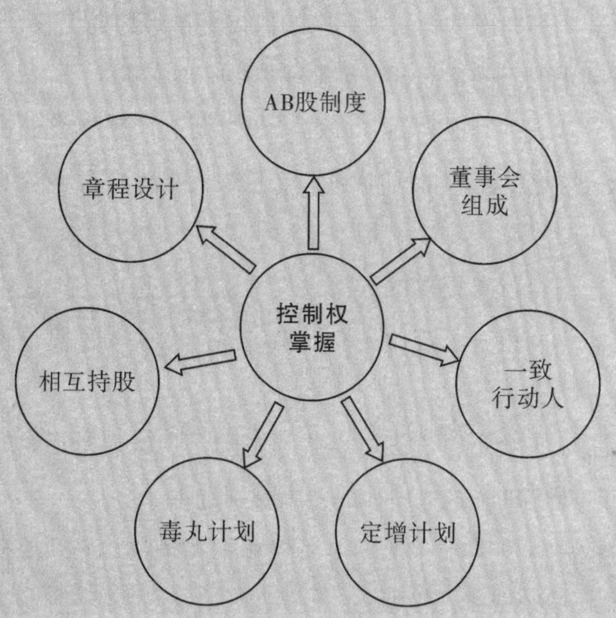

图7－1　掌握公司控制权的方法

7.1 阻击“野蛮人”第一招——章程设计

公司章程是设立公司时最主要的文件，是公司活动的基本准则，在符合法律规定的前提下，企业可以根据实际情况，做出一些特别约定，防止控制权旁落。例如，在公司章程中对股东的界定增加“连续持股时间需要达到12个月以上才有提案权和投票权”等限制，限制新增股东的提案权与投票权，从而降低控制权旁落的风险。

2014年阿里巴巴上市时，其招股书中提到：“依据公司章程，阿里巴巴集团上市后，阿里巴巴合伙人有权提名阿里巴巴过半数董事（50%以上），提名董事需经股东会投票过半数支持方可生效。”

表面上看，阿里巴巴的合伙人拥有的仅仅是董事的提名权，而非决定权，但是仔细研究阿里巴巴的章程，不难发现其中暗藏玄机。

阿里巴巴合伙人拥有提名简单多数（50%以上）董事会成员候选人的专有权。被合伙人提名的董事需要得到年度股东大会投票过半数的票数成为董事会成员。

如果阿里巴巴合伙人提名的候选人没有被股东选中，或选中后因任何原因离开董事会，则阿里巴巴合伙人有权指定另一个成为过渡董事填补空缺直到下届年度股东大会召开。

在下一届股东大会上，过渡董事或阿里巴巴合伙人所指定的替代董事候选人，将参加原提名的候选人所属的董事类别选举。

如果要修改章程中关于合伙人提名权和相关条款，必须要在股东大会上通过95%的到场股东或委托投票。

阿里巴巴和软银、雅虎达成投票协议，软银和雅虎在股东大会上为阿里巴巴所提名的董事投赞成票，前提是软银至少持有阿里巴巴15%的已发行的普通股。

不仅如此，阿里巴巴的章程还阐明：在任何时间，不论任何原因，当董事会成员人数少于阿里巴巴合伙人所提名的简单多数，阿里巴巴合伙人有权指定不足的董事会成员，以保证创始团队对董事会的控制权。

从根本上讲，阿里巴巴的这些规定都是为创始团队掌握公司控制权服务的。而现实中，阿里巴巴创始团队通过这些特殊约定，已经实际控制了公司。

再如，挂牌新三板的无锡常欣科技股份有限公司（简称“常欣科技”）于2014年12月9日修改公司章程，在原来章程中的第二十八条第二款中增加内容“公司董事、监事、高级管理人员在离职后半年内，不得转让其所持有的本公司股份”。此规定意在通过限制公司高层人员转让股份的权利来保证公司的股权结构不会在短时间内发生剧烈变化，这有利于稳定控股股东掌握公司的控制权。

伊利股份章程规定：下列事项须由出席股东大会的股东（包括股东代理人）所持表决权的3/4以上通过方为有效。

（1）章程的修改；

（2）选举和更换非由职工代表担任的董事、监事的议案；

（3）在发生公司被恶意收购时，该收购方（包括其关联方或一致行动人）与公司进行的任何交易事项；

（4）股东大会审议收购方（包括其关联方或一致行动人）为实施恶意收购而提交的关于购买或出售资产、租入或租出资产、赠予资产、关联交易、对外投资（含委托理财等）、对外担保或抵押、提供财务资助、债权或债务重组、签订管理方面的合同（含委托经营、受托经营）、研究与开发项目转移、签订许可协议等议案。

上述条款即为我们常说的绝对多数条款，是指在公司章程中规定，公司进行并购、重大资产转让或者经营管理权的变更时必须取得绝对多数股东同意才能进行，并且对该条款的修改也需要绝对多数的股东同意才能生效。绝对多数条款一般规定，在影响控制权的事项上必须取得2/3、3/4或以上，甚至高达90%以上的投票权。

7.2 阻击“野蛮人”第二招——AB股制度

AB股制度也称双重股权架构，是指将公司的股票分高（superior）、低（inferior）两种投票权，也叫优级股与一般股。高投票权的股票每股具有2～10票的投票权，主要由高级管理者所持有，低投票权股票的投票权只占高投票权股票的10%或1%，有的甚至没有投票权，由一般股东持有。作为补偿，高投票权的股票股利低，流动性差，一般规定一定年限才可转成低投票权股票，因此流通性较差，而且投票权仅限管理者使用。

AB股制度是掌握公司实际控制权的有效方法，很多著名的大公司，如Facebook、谷歌、京东、百度等都采用这种模式。

Facebook将公司股份分为A系列普通股和B系列普通股，其中一个B系列普通股对应十个投票权，而一个A系列普通股对应一个投票权，也就是说B股投票权是A股的10倍。在此之外，公司创始人扎克伯格还与部分股东签署“表决权代理协议”，即B股投资者授权他代为表决，他本身持有的28.4%的B股，加上代理投票权为30.5%，扎克伯格实际上用28.4%的股权掌握了公司58.9%的投票权，在股东会决策中拥有控制权。

谷歌上市前同样实施了AB股制度，将其股票分为A、B两类同价股票，两位联合创始人拉里·佩奇（Larry Page）和谢尔盖·布林（Sergey Brin）持有的是B股，其他所有外部的投资者股东持有A股。A股对应每股只有1票投票权，B股每股投票权为A股的10倍，但B股不能公开交易。两位共同创始人佩奇和布林，加上CEO施密特一共持有Google大约1/3的B类股票，保持对公司的控制权。

2014 年 4 月，谷歌又通过了一项“一拆二”拆股计划，借此来巩固创始人对公司的控制权。根据谷歌提交的监管文件，持有大量每股 10 票投票权的佩奇和布林共持有公司 56% 的投票权。由于谷歌持续发放每股一票投票权的 A 类股票来集资收购和奖励员工，两位创始人的投票权有所下降。为了解决这一问题，谷歌设置了 C 类股票，C 类股票没有投票权，可以有效抑制创始人投票权被稀释的问题，确保了两位创始人能以较少的持股比例拥有过半的投票权，稳控公司的决策权。

举例说明，假如你有 200 股 A 类股票（每股一票投票权），那你就有 200 票投票权。拆股后，你将拥有 200 股 A 类股票和 200 股 C 类股票。A 类股票仍将是每股一票投票权，C 类股票则没有投票权。因此你的投票权不变。每股 10 票投票权的 B 类股票同理。鉴于未来谷歌发放 A 类股票的可能性将大大降低，这一计划可以缓解由于股票或期权补偿导致的创始人对公司控制力的下降。

百度在 IPO 中也采用此方式，将上市后的百度股份分为 A、B 两类股票。将在美国股市新发行股票称作 A 类股票，每股代表 1 票表决权，而创始人股份为 B 类股票，即原始股，其表决权为每 1 股 10 票。所有在公司上市前股东们持有的股份均为原始股，一旦原始股出售，即从 B 类股转为 A 类股，其表决权立即下降 10 倍。通过这样的设计百度管理层实现对企业的控制。

京东虽然历经多次融资，创始人刘强东的持股比例也被稀释到 23.67 %（截止到 2014 年 8 月），但是采用 AB 股制度，刘强东依然牢牢掌握着京东的控制权。刘强东通过两家控股公司 Max Smart Limited 和 Fortune Rising Holdings Limited 持有的京东 23.67% 股权是 B 类股份，每股代表 20 票投票权，其他股东包括老虎基金、高领资本、DST 基金、今日资本、沙特王国投资、红杉等 PE 机构均持有的是京东 A 类普通股，每股只能代表一票投票权，按照数学公式计算：$23.67 \times 20 \div (23.67 \times 20 + 76.30 \times 1)$，刘强东拥有高达 86.12% 的投票权，确保在股东会重大决议上有绝对的话语权。

在此之外，刘强东还充分利用了表决权委托，要求获准进入的风险投资商将其投票权委托给刘强东自己在英属维尔京群岛所掌控的 Max Smart Limited 和 Fortune Rising Holdings Limited 公司行使。2014 年公司上市前，刘强东通过签署表决权委托协议，使京东 11 家投资人将其表决权委托给其控股的两家公司，刘强东虽然持股比例不大，却因为表决权委托协议掌控了京东过半数的投票权，获得对公司的绝对控制权。

2016 年 8 月，腾讯通过旗下的黄河投资进一步增持京东股份，累计持股京东21.25%，成为京东最大的股东，刘强东股份比例下降至18.2%，但依靠 AB 股制度和表决权委托，刘强东依旧手握约 80%的投票权，牢牢掌握着京东帝国的控制权。

双重股权结构下，公司的投票权集中在管理层，外部投资者对企业决策产生的影响较小，有助于管理层对公司的控制。

7.3 阻击“野蛮人”第三招——董事会组成

公司架构中，董事会与股东会是两个相对独立的机构，董事会主要负责公司事务的执行，依据法律规定和公司章程行使日常经营决策的职权：召集股东会会议，并向股东会报告工作；执行股东会的决议；决定公司的经营计划和投资方案；制订公司的年度财务预算、决算方案；制订公司的利润分配方案和弥补亏损方案；制订公司增加或者减少注册资金以及发行公司债券的方案；制订公司合并、分立、解散或者变更公司形式的方案；决定公司内部管理机构的设置；决定聘任或者解聘公司经理及其报酬事项，并根据经理的提名决定聘任或者解聘公司副经理、财务负责人及其报酬事项；制定公司的基本管理制度；公司章程规定的其他职权。

股东会往往无权直接干预董事会依据法律和公司章程行使日常经营决策的权利，特别是在初创企业中，很少通过股东会的控制权来参与公司日常经营，一般情况下，公司的日常经营都由董事会决定。因此，如果能控制董事会，也就控制了公司的日常经营管理。

实践中，控制董事会的方式主要有下面几种（见图7－2）。

1. **分期分级制度**

在公司章程中规定每年只能改选董事的数量，或者设置更换董事的比例，比如每年只能改选1/4或1/3等，这样即使新进入者已获得了足量的股权，也无法对董事会做出实质性改组，难以获得对董事会的控制权。

例如隆平高科就在公司章程中规定：公司每连续三十六个月内更换的董事不得超过全部董事人数的三分之一。

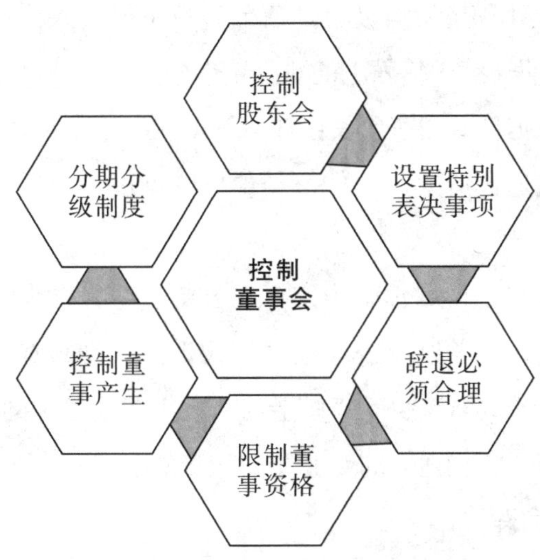

图 7－2　控制董事会的方法

2. 控制董事产生

董事一般由股东会投票选举、股东委派，或者董事会提名产生，甚至还可以公开召集候选人，其中董事会提名最常见，创始人不妨将对自己有利的提名方式写入章程。

例如，阿里巴巴规定其合伙人在集团上市后将拥有独家提名多数董事会成员的权利，但董事提名候选人，必须在一年一度的股东大会上获得大部分票数的支持，方可成为董事成员。而根据马云、蔡崇信、软银和雅虎达成的一致行动协议，在未来的股东会上，软银和雅虎要支持阿里巴巴合伙人提名的董事候选人以及软银委派的一名董事。

为了保证合伙人这一权利的持续有效，阿里巴巴还规定，如果要修改章程中关于合伙人提名权和相关条款，必须要在股东大会上得到95%以上到场股东或委托投票股东的同意。根据官方披露，马云、蔡崇信在IPO后仍然分别持有阿里7.8%、3.2%的股份，而2人目前正是阿里巴巴合伙人团队中的永久合伙人，由此看来，合伙人的“董事提名权”坚如磐石，难以打破。

3. 限制董事资格

在公司章程中规定公司董事的任职条件，非具备某些特定积极条件者不得担任公司董事，具备某些消极特定情节者也不得进入公司董事会，如规定“董事长必须从任职连续3年以上的执行董事中产生，或规定公司董事长应由任职满2届的董事担任，副董事长由任职满1届的董事担任”，通过这样的条款增加新进入者选送合适人选出任公司董事的难度，顺便过滤掉和自己利益相反的候选人。

例如中技控股在公司章程中规定：在公司发生恶意收购的情况下，为保证公司及股东的整体利益以及公司经营的稳定性，收购方及其一致行动人提名的董事候选人应当具有至少5年以上与公司主营业务相同的业务管理经验，以及与其履行董事职责相适应的专业能力和知识水平。

4. **辞退必须合理**

在公司章程中设置辞退条款，增加更换董事的难度。

例如，中青旅在公司章程中规定：董事由股东大会选举或更换，任期三年。董事在任期届满以前，股东大会不能无故解除其职务，除法定事由或本章程另有约定外，股东（不含原提名股东）不得提出罢免或撤换现任董事的议案。如非原提名股东强行提出罢免或更换现任董事的提案，则公司董事会或监事会有权拒绝其召开临时股东大会的请求，如上述提案在股东大会召开十日前提出，则公司董事会有权拒绝将其提案提交股东大会审议。如该等股东自行召集和主持股东大会的，公司董事会或监事会，有权以公司名义向公司所在地人民法院，提起确认其召集行为及股东大会决议无效的诉讼，在人民法院依法对其召集行为及股东大会决议效力做出生效认定之前，公司董事会、监事会及高级管理人员有权不执行其股东大会决议。

5. **设置特别表决事项**

公司章程将一些重要事项列为董事会的特别表决事项，如董事提名、董事长选举、对外投资、融资及担保等，可以防止董事会控制权的旁落。

6. **控制股东会**

持有公司大部分股权，将股东会决策权掌握在自己手中，自然也就控制了董事会。

7.4 阻击“野蛮人”第四招——一致行动人

一致行动指在公司融资或收购过程中，2 个以上的人（包括自然人和法人）通过签署一致行动协议，相互配合，积极合作以取得或巩固对企业控制权的行动。狭义的一致行动是指上市公司收购过程中，2 个或 2 个以上的收购人就共同收购一个目标公司达成协议进行收购的行为，即联合收购。广义的一致行动不仅包括联合收购，还包括股东在行使表决权时的联合行事。

一致行动协议通常规定：在某个事项的表决上依照统一的意志去表决，如共同投票表决决定公司的经营计划和投资方案；共同投票表决制订公司的年度财务预算、决算方案；共同投票表决制订公司的利润分配方案和弥补亏损方案；共同投票表决制订公司增加或者减少注册资金的方案以及发行公司债券的方案；共同投票决定公司的重大资产重组行为。当其他股东与创始股东意见不一致的时候，按照创始股东的意志进行表决。

例如，网宿科技的大股东陈宝珍和刘成彦分别持有公司 34.860% 和 21.366% 的股份，都不能单独对公司的决策形成决定性影响，通过签署《一致行动人协议》，对双方保持一致行动事宜做出如下约定，从而保证对公司的控制权：

在处理有关公司经营发展，且需要经公司股东大会审议批准的重大事项时，应采取一致行动；采取一致行动的方式为就有关公司经营发展的重大事项向股东大会行使提案权和在相关股东大会上行使表决权时保持充分一致；如任一方拟就有关公司经营发展的重大事项，向股东大会提出议案时，须事先与另一方充分进行沟通协商，在取得一致意见后，以双方名义共同向股东大会提出提案。

在公司召开股东大会审议有关公司经营发展的重大事项前须充分沟通协商，就双方行使何种表决权达成一致意见，并按照该一致意见在股东大会上对该等事项行使表决权。如果协议双方进行充分沟通协商后，对有关公司经营发展的重大事项行使何种表决权达不成一致意见，双方在股东大会上对该重大事项共同投弃权票。

签订《一致行动协议》的目的是为了掌握公司的控制权，操作中要注意以下要点（见图7－3）：

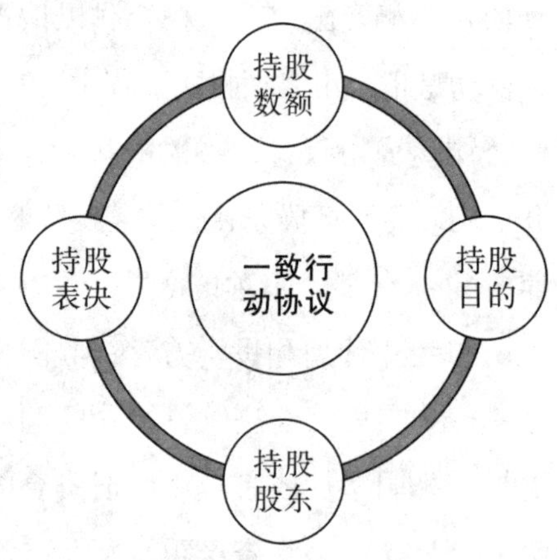

图7－3　《一致行动协议》的操作要点

1．参与一致行动的股东

除了大股东，其他对公司有影响力的小股东，一样可以成为参与一致行动的股东。例如江海股份（证券代码：002484）在公司IPO前，公司股东香港亿威投资有限公司直接持有6000万股股份，占总股本的50%；其他47名境内自然人（中方股东）股东合计持有6000万股股份，占总股本的50%。但根据该公司披露信息，公司由香港亿威和中方股东共同控制，而非香港亿威单独控制。

其具体原因就是中方47名自然人股东，其中46名自然人已签署《委托协议书》，授权公司股东、董事长陈卫东先生代为行使其持有公司股份所享有的股东大会的投票权、提案权、提名权、临时股东大会的召集权。这样公司形成了两大表决主体，即香港亿威与陈卫东代表的自然人股东。

2. 参与股东持股数额

一致行动人应当合并计算其所持有的股份。因此在确认一致行动协议时要明确各股东持有公司股份数额。投资者计算其所持有的股份，应当包括登记在其名下的股份，也包括登记在其一致行动人名下的股份。

一般情况的一致行动协议均采用此种认定方式。如星奥股份（证券代码：430574）案例中，杨亚中、李明勇、陈斌3人直接持有公司股权的比例一直保持在34%、33%、33%，均对公司形成重大影响。但任何一人凭借其股权均无法单独对公司股东大会决议、董事会选举和公司的重大经营决策实施决定性影响。正是因为公司的股权结构特点，所以采取一致行动协议明确公司控制权问题。

3. 签署一致行动的目的

签署一致行动的目的在于各方保证在公司股东大会会议中行使表决权时采取相同的意思表示，以巩固各方在公司中的控制地位。因此，要注意协议签署后按照各股东所持股份比例，是否能真正获得控制权。例如在欧萨咨询（证券代码：430319）披露的信息中，该公司股东国淳创投、王小兵、张朝一、伍波、夏志玲、国际创投分别持有公司30.71%、25.93%、25.93%、6.22%、6.22%、5.00%的股份。公司第一大股东为国淳创投，但股东王小兵与张朝一通过签署《一致行动协议》，合并持股51.86%，掌握了公司的实际控制权。

4. 一致行动意思表示及矛盾解决方式

一致行动旨在约定一致行动人在股东大会、董事会的提案、表决等行为保持一致行动。换言之，一致行动人应在股东大会、董事会召开前达成一致的表决意见。因此，在一致行动协议中应该明确一致表决意见形成的方式及切实有效的矛盾解决方式。

如江海股份（证券代码：002484），公司46名自然人股东授权公司股东、董事长陈卫东先生代为行使其持有公司股份所享有的股东大会的投票权、提案权、提名权、临时股东大会的召集权，在行使上述权利时，46 名自然人股东召开会议进行讨论后由董事长陈卫东先生按照统一表决意见。（占所有自然人股东所持股份总数 50% 以上的股东意见为统一表决意见，如不能形成 50% 以上的统一意见，则股东意见中支持比例最高的表决意见为统一表决意见。）

7.5 阻击“野蛮人”第五招——定增计划

定增全称为定向增发，是指上市公司向符合条件的少数特定投资者非公开发行股份的行为，对于控股比例较低的大股东而言，通过向自身进行定向增发可进一步强化对公司的控制力。而且当公司估值尚处于较低位置时，大股东此时采取定向增发能获得更多的股份，从未来减持的角度考虑也更为有利。

例如，新疆阳光电通科技股份有限公司通过定向增发的方式，使第一大股东、公司实际控制人章健的股份由发行前的48.00%增至56.67%，进一步加强其对阳光电通的控制力。

再如，智华信在定增前总股本为600万，任雪松、徐芳夫妻2人持有公司570万股，持股比例95.1%，公司计划融资840万元。如果直接融资，按公司最终7元/股的定增价格，融资840万元需定增发120万股，定增后夫妻2人持有公司股权稀释为79.16%，控制权弱化。

但是如果巧妙地运用定向增发，通过以下的改进方法，则可以在实现对外融资的同时保证大股东对企业的控股权。即夫妻2人以1元价格向自己定增350万股，将公司股本扩充至950万股，此时2人持有公司股权变为96.84%。随后再以7元/股价格定增120万股融资840万元，采用此改进方案，公司在完成融资后，夫妻2人持有公司股权变为85.98%，可以缓解由于融资导致的创始人控制力下降。

7.6 阻击“野蛮人”第六招——“毒丸计划”

“毒丸计划”的正式名称为“股权摊薄反收购措施”，是一种提高企业并购成本，使目标企业的并购吸引力急速降低的反收购措施。当一个公司遇到未经认可的收购，尤其是当收购方占有的股份已经达到10%到20%的时候，公司为了保住自己的控股权，就会大量低价增发新股，目的是摊薄收购方手中的股票，让其持股比例下降，同时也增大了收购成本，让收购方无法实现控股目的。

“毒丸计划”的采用会产生两个效果：第一，对恶意收购方产生威慑作用；第二，对采用该计划的公司有兴趣的收购方会减少。

“毒丸计划”主要分为四类（见图7-4）。

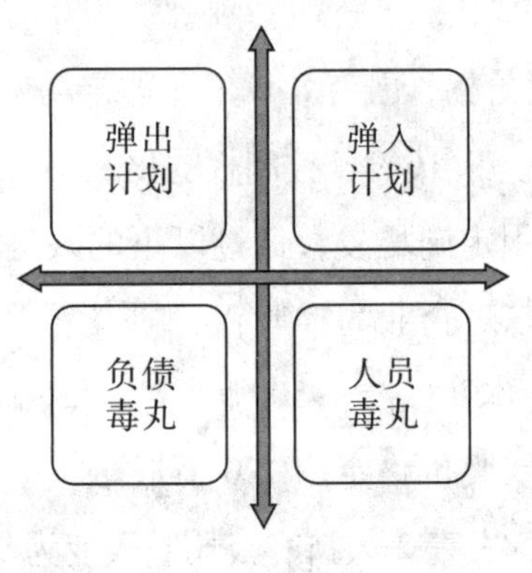

图7-4 “毒丸计划”的分类

1. 弹出计划

“弹出计划”通常指履行购股权，购买优先股，通过提高股东在收购中愿意接受的最低价格让收购方无法实现控股目的。譬如，以100元购买的优先股可以转换成目标公司200元的股票，如果“弹出计划”中目标公司的股价为50元，那么股东就不会接受所有低于150元的收购要约，因为150元是股东可以从购股权中得到的溢价，它等于50元的股价加上200元的股票减去100元的购股成本。这时，股东可以获得的最低股票溢价是200%。

2. 弹入计划

“弹入计划”通常被包括在一个有效的“弹出计划”中，是指提高目标公司的购股溢价，通常为100%，以达到稀释收购者在目标公司权益的目的。比如，100元的优先股以200元的价格被购回。

3. 负债毒丸

“负债毒丸”指目标公司在恶意收购威胁下大量增加自身负债，降低企业被收购的吸引力。例如，目标公司发行债券并约定在公司股权发生大规模转移时，债券持有人可要求立刻兑付，提前赎回债券，或清偿借贷，从而使收购公司在收购后立即面临巨额现金支出，降低其收购兴趣。

4. 人员毒丸

“人员毒丸”指目标公司全部、绝大部分高级管理人员共同签署协议，约定在目标公司被以不公平价格收购，并且这些人中有一人在收购后将被降职或革职时，全部管理人员将集体辞职。这一策略不仅保护了目标公司股东的利益，还会使收购方慎重考虑收购后更换管理层对公司带来的巨大影响。

例如，雅化集团（证券代码：002497）章程中有这样一条规定：在发生公司被恶意收购的情况下，任何董事、监事、总裁或其他高级管理人员在不存在违法犯罪行为，或不存在不具备所任职务的资格及能力，或不存在违反公司章程规定等情形下，于任期未届满前被终止或解除职务的，公司应按该名董事、监事、总裁或其他高级管理人员在公司任职年限内税前薪酬总额的十倍给付一次性赔偿金，上述董事、监事、总裁或其他高级管理人员已与公司签订劳动合同的，在被解除劳动合同时，公司还应按照《中华人民共和国劳动合同法》另外支付经济补偿金或赔偿金。这一条款可能使收购方考虑到更换管理层的成本而知难而退。

“毒丸计划”在平时不会生效，只有当企业面临被并购的威胁时，“毒丸计划”才启动，所以“毒丸计划”需要未雨绸缪，预先埋设。

2005 年，盛大同控股股东地平线媒体有限公司一起通过公开股票市场交易收购了新浪公司大约 19. 5% 的已发行普通股。新浪表态不欢迎通过购买股票的方式控制新浪，同时其管理层抛出“毒丸计划”，以反击盛大收购。

按照该计划，于股权确认日当日记录在册的每位股东，均将按其所持的每股普通股而获得一份购股权。在购股权计划实施的初期，购股权由普通股股票代表，不能于普通股之外单独交易，股东也不能行使该权利。只有在某个人或团体获得 10% 或以上的新浪普通股或是达成对新浪的收购协议时，该购股权才可以行使，即股东将有权以半价增持新浪公司的普通股。

盛大及其某些关联方目前的持股已超过新浪普通股的 10%，新浪购股权的持有人（收购人除外）有权以半价增持新浪公司的普通股，以试图摊薄盛大持股，令收购计划无功而返。

在这次行动中，盛大及其关联方只要获得新浪 20% 的股权，就能达到控股的目的，但根据“毒丸计划”，盛大和关联方必须为再获得 5% 的股权付出已经付出的 2. 3 亿美元的一半。可以看出，“毒丸计划”客观上稀释了恶意收购者的持股比例，增大了收购成本，或者使目标公司现金流出现重大困难，引发财务风险，使恶意收购者一接手即举步维艰，感觉好似吞下毒丸，最终实现控制权不旁落的目的。

2015 年，健康管理机构爱康国宾在面对美年大健康产业集团的壳公司江苏三友的收购时，祭出“毒丸计划”震惊资本市场。

爱康国宾“毒丸计划”的核心要点如下：

如果爱康国宾发布公告说有机构或个人获 10% 以上股份，或任何机构获得超过 50% 股份，爱康国宾的“毒丸计划”就会启动；

如果任何机构或个人准备实行要约收购（tender offer），以获超过 10% 股份，“毒丸计划”也会启动；

“毒丸计划”启动，则每个普通股股东会获得一份相应认股权，这个价格是80美元。

一旦启动，每份认股权（但不包括收购人获得的认股权）将可以以80美元价格购买2倍价格的普通股，也就是说花80美元，可以买160美元市值的股票。如此一来，当江苏三友大比例入股爱康集团时，“毒丸计划”就会启动，其他所有的股东都有机会以低价买进新股，新股充斥市场，这样就大大稀释收购方的股权，继而使收购变得代价高昂，从而达到抵制收购的目的。

7.7 阻击“野蛮人”第七招——相互持股

相互持股，又称交叉持股或交互持股，是指两个或两个以上的公司为了特定目的而相互持有对方股份，从而形成一种你中有我、我中有你的股权结构，当其中一方受到收购威胁时，另一方施以援手，帮助维护其控制权。

例如，滴滴和优步中国达成战略协议后，优步全球将持有滴滴出行5.89%的股权，相当于17.7%的经济权益。同时，滴滴出行创始人兼董事长程维将加入优步全球董事会，优步创始人 Travis Kalanick 也将加入滴滴出行董事会，双方互为对方的少数股权股东，相互持股。

在相互持股的情况下，公司之间相互依存、相互渗透、相互制约，在一定程度上结成“命运共同体”，有利于对抗敌意收购。

例如，2004年9月，广发证券股份有限公司面临中信证券的敌意收购，在收购战中，广发证券的交叉持股方深圳吉富创业投资股份有限公司、吉林敖东和辽宁成大三甲公司迅速增持并控制了广发证券66.7%的股份，牢牢占据绝对控股的地位，成功地挫败了中信证券的敌意收购。

相互持股的双方基于一定的协议或契约建立起来的互信，能够防止股份的自由流动，因此，当相互持股公司遇到恶意收购或陷入控制权争夺战时，相互持股的股东就可以发出收购要约，与敌意收购者竞争，使收购的成本与风险增加，让收购者望而生畏，不敢轻易采取吞并目标公司的行动。

进阶——从初创到IPO，畅通企业发展之道

企业发展通常要经历初创期、发展期、成熟期和衰退期四个阶段，每个阶段企业的战略规划、经营模式、市场规模和人才需求等情况不尽相同，由此导致股权激励对员工投入的风险和重要性各有不同，所获得的股权回报形式和比重也各有不同，因此，企业要学会在不同的发展阶段，采用不同的股权激励计划。

8.1 初创期，打造“钢铁侠”团队

初创阶段，公司的主要目标是生存，无论是新产品还是新技术，都面临着不被市场认可或何时被认可的风险；而且初创期的企业绝大多数都没有实现盈利，资金匮乏、品牌认知度低、人才难招、管理混乱等都是常见的局面。在不给员工提供高薪的情况下，要想打造一支“钢铁侠”团队，不妨采用虚拟股权激励的方式。

干股是一种简单有效的激励模式，加上获授者不拥有企业实际股权，相对安全，比较适合初创企业股本小、盈利能力欠佳的特点。

例如方太公司就曾用干股激励，让全体员工共享企业成长的成果。公司向所有两年以上工龄的员工赠送干股，规定次年分红两次。享有干股的员工不需要投资入股，企业根据个人岗位、职级、绩效、出勤、贡献大小等因素，同时兼顾团队的业绩利润和企业的整体业绩利润，来确定每位员工获得的干股数量，员工依据自己持有股份的多少参与分红。方太最初拿出了净利润的5%用于干股激励，后来又将其比例上调至10%，随着公司销售利润节节攀升，员工的分红数额也随之增加。

我们可以通过以下几个步骤，系统制定企业初创阶段的干股激励模式（见图8-1）。

第一步：确定股权激励的对象及资格条件

首先企业要明确，本次纳入激励计划的对象是全体员工，还是部分员工？为了保证干股在精神激励方面的效果，可以只针对核心员工，让公司所有员工明确意识到，股权激励不是人人享有的福利，只有优秀人才才能享受到干

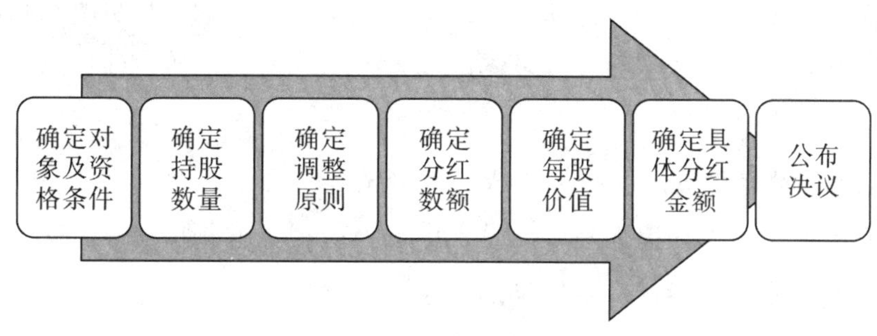

图8－1　干股激励的步骤

股分红，它代表的是一种“特权”。如果其他员工想获得这种“特权”，就必须努力成长，努力工作，取得高绩效，让自己成为核心员工。

鉴于此，干股激励的对象范围及资格条件可以界定为（见表8－1）：

表8－1　干股激励的对象范围及资格条件

激励对象	资格条件
高级管理人员	具有2年（含）以上本公司工作服务年限，担任高级管理职务或有高级职称的核心管理层，如CEO、董事长、总经理等。
中层管理人员	具有2年（含）以上本公司工作服务年限，担任中层管理职务的人员，如高级监理、人力资源经理、营销总监等。
骨干员工	具有1年（含）以上本公司工作服务年限，并获得“公司优秀员工”称号，或者拥有独特专业技能、处于关键技术岗位的骨干员工，如高级工程师、高级企划、培训师、区域负责人等。

第二步：确定激励对象的当期持股数量

我们可以把持有股权划分为岗位股、绩效股和工龄股等，根据公司具体情况划分等级，根据激励对象所处的职位、工龄长短以及绩效情况，来确定其当年应持有的干股数量。

第一，确定岗位股。根据激励对象在公司内所处不同职位而设定不同股权数量。一般来说，在同一个层次的激励对象，其岗位股权可有所不同，但波动应控制在一个合理范围内。公司可先根据其所处岗位确定他们的岗位股基数。

第二，确定绩效股。根据股权享有者的实际个人工作绩效表现情况，年底决定是否追加和追加多少干股。每年年初，公司可预先确定股权享有者的年度考核绩效指标。每年年末，根据绩效实际完成情况，按比例分别确定最终增加的股权数量（增加股权数量 = 本人职位股基数 × 绩效完成程度 ×50%）。另外，公司应规定一个享有干股的最低绩效完成比例限制。例如，当年绩效完成情况低于 70% 的人员，取消其享有当年股权激励计划的资格。

第三，确定工龄股。依据员工在本公司工作服务年限，制定工龄股分配原则，自劳动合同签订后员工实际到岗之日起算，按照满一年增加 100 股的标准执行。

第四，计算股权数额。将上述 3 类股权累加，为该激励对象当年享有的股权数额。

实践中，如遇到对公司有特别重大贡献者，其干股数量的确定也可酌情调整，由公司人力资源部门上报，交由公司最高管理层或公司薪酬考核委员会决定。

第三步：确定股权调整原则

企业是一个不断变化的动态体，因此股权激励计划也需要适时做出调整。由于无法准确预见企业未来的发展变化，因此可以先确定出股权数量的调整原则。例如，随着职位和绩效等因素的变动，持有人的股权数量会发生改变。职位降低时，职位股的干股基数随之下调；绩效完成未达到考核比例，绩效股可能取消。员工工龄增加，工龄股也会相应增加。非正常离职的员工，如辞职、辞退、解约等，干股自动消失。正常离职者可以将股权按照一定比例折算为现金发放给本人，也可按照实际剩余时间，到年终分配时参与分红兑现，并按比例折算成具体分红数额。如果股权享有者在工作过程中因失误而被降级、处罚时，公司有权减少或取消其分红收益权。

此外，根据公司经营发展状况和股权享有者的岗位变动情况，干股激励必然会面临性质转化问题，也就是说让干股持有者可以出资购买自己手中的干股，从而把干股转换为公司实股。在转让时，公司可以考虑在购股价格给予一定的折扣。比如，公司规定：经干股享有者申请，可以出资购买个人持有的不低于30%的股权，将其转换为实股，公司对于购股价格给予不高于实有股权每股净资产现值的8.5折优惠。

第四步：确定分红数额

干股分红，实际上就是协议分红，因此，公司首先应该在内部建立分红基金，根据当年经营目标实际完成情况及利润大小，对照分红基金的提取计划，确定当年分红的基金规模的波动范围，落实实际提取比例和数额。

一般来说，分红基金的提取比例是按照公司上一年度奖金在公司净利润中所占比例为参照制订的。为了体现干股的激励性，分红基金提取比例的调整系数定为1～1.5。

例如，在实行干股激励制度的上一年度，公司净利润为100万元，上年年终奖金总额为5万元，则首次分红基金提取比例基准＝（首次股权享有者上年年终奖金总额÷上一年公司净利润）×（1～1.5）＝（5÷100）×（1～1.5）＝5%×（1～1.5）。

则最高线：5%×1.5＝7.5%。

中间线：5%×1.3＝6.5%。

最低线：5%×1.0＝5%。

而首次分红基金＝股权激励制度的当年公司目标利润（例如150万元）×首次分红基金提取比例，分别对应如下：

最高线：150×7.5%＝11.25（万元）。

中间线：150×6.5%＝9.75（万元）。

最低线：150×5%＝7.5（万元）。

实际操作中，公司本着调剂丰歉、平衡收入的原则，还可以在企业内部实行当期分红和延期分红相结合的基金分配方式，这样可以有效减少经营的波动性对分红基金数额变动所带来的影响。

假设公司当年分红基金数额为11.25万元，其将当年分红基金的80%用于当年分红兑现。当年分红基金的20%结转下年，累加到下年提取的分红基金，以后每年都按照这个比例滚动分红基金。

第五步：确定干股的每股现金价值

确定完分红额度后，公司可以按照以下公式计算出干股股权每股现金价值：

干股每股现金价值=当年实际参与分配的分红基金规模÷实际参与分红的虚拟股权总数。

例如，当年参与分红的股权总数是10万股，当年分红基金数额为11.25万元，根据公式，其当年干股每股现金价值=112500÷100000=1.125（元/股）。

第六步：确定每个干股持有者的具体分红办法和当年分红现金数额

将每股现金价值乘以股权享有者持有的股权数量，就可以得到每一个股权享有者当年的分红现金数额。例如，某员工持有的股权总数为2000股，则其当年可得到的分红数额为1.125×2000=2250（元）。

为了保证分红收益波动不至于过大，公司可以执行滚动分配原则，当年分红兑现=当年分红收益×85%，剩余15%结转下年。例如，某员工当年分红收益为2250元，按照滚动分配原则，当年可兑现收益为2250×85%=1912.5（元），剩余337.5元结转下年参与分配。若下年分红收益为3000元，则下年分红兑现为（3000+337.5）×0.85=2836.88（元）。

第七步：公布实施股权激励计划的决议

在确定要实施干股激励制度之后，公司管理层应在公司内部公布实施该激励制度的决议，并向员工详细讲解股权激励计划的获授原则、实施流程、意义和后果，使员工心知肚明，打消各种疑虑，提高参与的积极性，使股权激励计划行之有效，达成企业与员工双赢的局面。

考虑到初创企业的特殊性，我们对其股权激励方案设计，提出以下建议（见图8－2）。

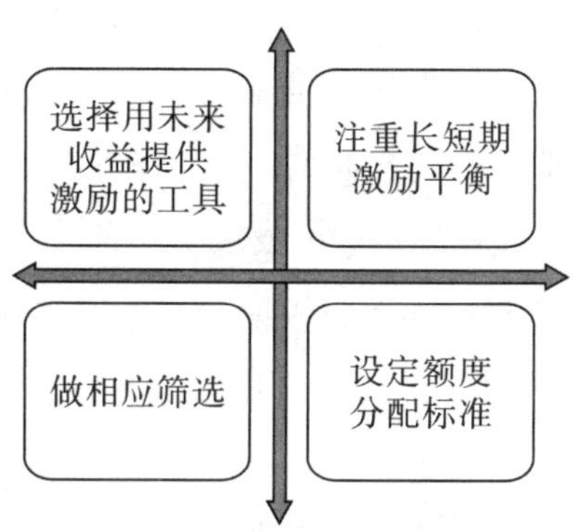

图8－2　初创企业股权激励的建议

1．选择用未来收益提供激励的工具

初创企业现金流不足，又容易面临融资困难、短期内无法盈利的局面，因此，在选择股权激励模式上需要考虑到这一特征。最好选择那些用未来的收入及未来的升值空间来换取眼前的激励效果的模式，比如干股、虚拟股权等；

另外，期权和限制性股份这两个工具不需要公司有现金支出，也比较适合处在初创阶段的企业，特别是股份期权，相比于限制性股份，在激励收益上只是未来的增值权，更加适用于那些盈利模式不清晰或尚未成形、短期内看不到收益的互联网创业企业。

2．注重长短期激励平衡

初创企业，一方面要解决资金问题，另一方面要留住核心人才，稳定创业团队，股权激励是最佳的工具。但即便是对公司的未来前景抱着美好期待的员工也希望能够有稳定的即期收入，以便解决眼前的物质需求，因此，股权激励只有在短期和长期激励之间取得平衡，才能发挥效果，且不可用股权激励来代替员工的即期收入。

通常情况下，激励对象可获得的股份期权是底薪的1～2倍，高科技企业可以扩大至3～5倍，互联网创业企业的基本薪酬与股权激励额度的比例在3～5倍之间比较常见。

3．做相应筛选

在初创阶段，企业人员较少且都是创业艰苦期加入的员工，应当给予股权激励，另外，初创企业股权结构相对简单，束缚较少，只要创始人团队达成一致意见即可实施，因此初创企业做股权激励有天然优势，效应也比较好。但需要注意的是，即使初创企业做股权激励，也应该做必要的筛选，而且这一点也应该让所有员工知道，避免形成不切实际的预期，同时有利于激励员工展现出真正的能力与工作态度。

具体到如何筛选，我们可以设定基础条件，业绩条件与素质条件。例如，将基础条件设定为无违规行为，即违规处理期内不得授予股权或期权，具体的违规行为由公司管理层在员工手册中细化；其次是价值观与公司发展方向相吻合，这一点可以通过管理层面试评估的形式进行判断；最后要满足任职年限，可以根据情况设置半年或一年的任职年限。

4．设定额度分配标准

很多初创企业的创始人为吸引高价值人才，在没有进行测算的情况下，招人时就给出大份额的股权承诺，使激励对象期望值过高。一旦不能兑现承诺，则会降低创始人在员工心目中的公信力，影响后期股权激励计划的执行。而如果兑现承诺，可能会对企业的股权结构、控制权造成较大的影响。因此，事先设定额度分配是需要关注的一个问题，分配不均容易削弱激励效果甚至造成负面影响。

对股权激励的额度分配进行综合测算，测算标准包括激励对象所处岗位等级、岗位的价值、激励对象的能力素质水平及其业绩水平。

例如，以A公司为例，在岗位等级方面，按照公司人力资本结构，划分为5个等级，每1个等级都被赋予特定的期权分配等级系数，以体现出不同等级对于公司的价值（见表8－2）。

表 8－2　岗位等级

岗位等级	分配系数
N10	1.1
N9	1
N8	0.8
N7	0.6
N6	0.5

对于等级较低的员工还应有工作年限的要求，为股权激励设置一定的时间门槛。

在岗位价值方面，结合公司的业务模式及未来发展方向，将岗位分为业务类、技术类、营销类和职能类，由公司管理层分别赋予不同类别岗位权重系数，对应不同类别岗位的期权分配系数（见表 8－3）。

表 8－3　岗位期权分配系数

等级	分配系数
业务类	1.1
技术类	1.1
营销类	1
职能类	0.8

在综合评价方面，利用业绩与能力的评价结果作为赋予股权分配系数的依据之一。但考虑到初创企业的员工往往加入时间不长，综合评价的参考意义要大于区分的意义。所以除了综合评价最低的少数人被排除出股权激励对象之外，只对综合评价最突出的少数人赋予较高的股权分配系数，其他大部分员工赋予相同的综合评价系数（见表 8－4）。

表8－4　综合评价分配系数

等级	分配系数
评价突出者	1.5
其他	0.5

比如，员工甲的岗位等级分配系数为1，岗位价值分配系数为1.1，综合评价分配系数为0.5，岗位等级、岗位价值、综合评价的所占权重分别为40%、40%、30%，则该员工的个人分配系数为40%×1＋40%×1.1＋30%×0.5＝0.99，如果该公司当年股权激励总额度为100万股，总分配系数为6，则该员工当年获授额度为100×0.99÷6＝16.5（万股）。

8.2 成长期，不能被按下的“暂停键”

成长阶段是企业规模扩大、营收增加时期。在这一阶段，公司的首要目的是获得长期持续迅速发展，因此，企业除了大力开发新产品、提高产品知名度、进一步扩大市场占有率以外，还要不断完善公司内部管理机制，以防止因管理不当而引发制造成本过高、财务失控、市场增长缓慢等风险。

公司在这一阶段实施股权激励计划，通常能得到激励对象的拥护和支持。因此，公司应该选择力度较大的股权激励模式，比如业绩股票、员工持股计划、期权激励等，适当扩大激励对象范围，把对公司发展有重要作用的高管人员、核心技术人员和业务骨干纳入激励范围，使其与公司形成利益共同体，实现企业的快速持续发展，就像不能被按下的“暂停键”。

例如，2000年华为为了获得持续快速发展，实行了名为“虚拟受限股”的期权制度。得到虚拟股票的激励对象，可以据此享受一定数量的分红权和股价升值权。

同时，华为公司还实施了一系列新的股权激励政策：新员工不再派发长期不变一元一股的股票；老员工的股票也逐渐转化为期股；以后员工从期权中获得收益的大头不再是固定的分红，而是期股所对应的公司净资产的增值部分。

根据华为的评价体系，员工获得一定额度的期权，期权的行使期限为4年，每年兑现额度为1/4，假设某员工在2011年获得100万股，当年股价为1元每股，其在2012后可选择四种方式行使期权：兑现差价（假设2012年股价上升为2元，则可获利25万元）、以1元每股的价格购买股票、留至以后兑现、放弃。

8.3 成熟期，“芝麻开花”计划

企业进入成熟期后，客户群稳定，营收稳定，此时的市场风险最小。但随着市场上同类产品不断涌现，竞争日趋激烈，企业市场增长放缓，库存量增加，价格战成为重要的营销策略。因此，降低成本和研发新产品将成为公司的重点工作。在这种情况下，企业实施股权激励要达到的目的就是稳定现有企业骨干人员，激励他们更加努力工作，在业绩上“芝麻开花节节高”，把公司做大做久。

因此，在这个阶段，企业可视具体情况，选择业绩股票、期权、股票增值权、延期支付等激励模式。

得润电子在2009年实行了股票增值权计划，授予公司高管高松大至朗和徐建辉分别52万份和39万份的股票增值权。当时规定的行权条件为：得润电子正常经营，没有被证监会予以行政处罚，两名高管无违法违规行为，符合相关政策规定；同时，每一次行权的时候（2009年起），上年扣除非经常性损益后的加权平均净资产收益率不低于10%，2007年至上年度的扣除非经常性损益后的净利润复合增长率不低于20%。两名高管可以在2009—2012年的4年里，每年一期匀速执行股票增值权（即每期执行25%），行权价为12.66元/股。但是，如果当期的股票增值权可行权而未行权，或者当期没有达到行权条件，则不能累计推后行权，股票增值权作废注销。

股权增值权的收益体现在未来股价和行权价格之间的差额。比如说2009年10月份第一次执行股票增值权，高松大至朗和徐建辉各项考察指标均达标，而股价为15元/股。那么，每份股票增值权就可获得每股价差收益2.34元（15元-12.66元）。若执行22.75万份股票增值权，高松大至朗和徐建辉就一共能获得得润电子以现金支付的53.24万元。

8.4 IPO后，业绩“闪瞎眼”

企业上市后，只有持续的业绩增长，才能吸引投资者，使股价上涨，迅速聚集财富。因此不妨实行股权激励计划，建立企业的利益共同体，促使经营者大胆进行技术创新和管理创新，从而降低成本，提高企业的经营业绩和核心竞争能力，使业绩遥遥领先。

IPO后企业股权激励的模式主要有期权和限制性股票。

例如，苏宁电器在2010年实行了股票期权激励模式，主要内容如下。

（1）**激励模式**：股票期权激励模式。

（2）**激励对象范围**：已在公司或下属分公司或子公司连续工作5年以上的董事（不包括独立董事）、总裁、副总裁、财务负责人，总部各管理中心副总监级别以上中高层管理人员、部分副经理级别以上核心业务骨干及信息技术研发人员，各地区总部、地区管理中心、重要子公司负责人以及部分副经理级别以上核心业务骨干，销售规模、经营绩效具有代表性的优秀连锁店店长，共计248人。

（3）**激励额度**：总计授予激励对象8469万份股票期权，每份股票期权拥有在激励计划有效期内的可行权日以行权价格和行权条件购1股公司股票的权利。其中董事（不含独立董事）、总裁、副总裁、财务负责人获授股票期权涉及的标的股票数量为1210万股，占股票期权授予总量的14.29%，占授予时公司股本总额的0.17%。其他拟授予的公司核心中高层管理人员以及业务骨干获授股票期权涉及的标的股票数量为7259万股，占股票期权授予总量的85.71%，占授予时公司股本总额的1.04%。

（4）**激励价格**：授予的8469万份股票期权的行权价格为14.50元。

（5）**激励来源**：

第一，股票激励标的来源。本次激励计划的标的股票来源为公司向激励对象定向发行苏宁电器股票，所涉及的标的股票种类为人民币普通股（A股）。

第二，购股资金来源。激励对象行使股票期权的资金全部以自筹方式解决。本公司承诺不为激励对象依本激励计划行使股票期权提供贷款以及其他任何形式的财务资助，包括为其贷款提供担保。

（6）**激励时限**：

第一，股票期权激励计划的有效期为自股票期权授权日起5年。

第二，股票期权激励计划授权日，在本激励计划报中国证监会备案且中国证监会无异议，公司股东大会审议通过后由董事会确定。

授权日必须为交易日，且不得为下列期间：

定期报告公布前30日；

重大交易或重大事项决定过程中至该事项公告后2个交易日；

其他可能影响股价的重大事件发生之日起至公告后2个交易日。

第三，股票期权激励计划的等待期：

第一个行权期可行权股票期权的等待期为授权日起的12个月；

第二个行权期可行权股票期权的等待期为授权日起的24个月；

第三个行权期可行权股票期权的等待期为授权日起的36个月；

第四个行权期可行权股票期权的等待期为授权日起的48个月。

第四，股票期权激励计划的可行权日：

激励对象应按本激励计划规定的安排分期行权。可行权日为等待期满次日至股票期权有效期满当日为止，公司定期报告公布后第2个交易日至下一次定期报告公布前10个交易日内的所有交易日，但不得在下列期间内行权：

业绩预告、业绩快报公告前10日至公告后2个交易日内；

重大交易或重大事项决定过程中至该事项公告后2个交易日；

其他可能影响股价的重大事件发生之日起至公告后2个交易日。

第五，标的股票的禁售期：

激励对象转让其持有的标的股票，应当符合《公司法》《证券法》《深圳证券交易所股票上市规则》《公司章程》等法律、法规和规范性文件的规定。

激励对象为公司董事、其他高级管理人员的，每年转让其持有的公司股票不得超过其所持有的公司股票总数的25%；在离任信息申报之日起6个月内，不得转让其所持有的全部公司股份；在离任信息申报之日起6个月后的12个月内通过深圳证券交易所挂牌交易出售股票数量占其所持有的本公司股票总数的比例不得超过50%。

（7）**激励条件**：

第一，获授股票期权的条件。

公司未发生下列任一情形：

最近一个会计年度的财务会计报告被注册会计师出具否定意见或者无法表示意见的审计报告；

最近1年内因重大违法违规行为被中国证监会予以行政处罚；

中国证监会认定的不能实行股权激励计划的其他情形。

激励对象未发生下列任一情形：

最近3年内被交易所公开谴责或宣布为不适当人选的；

最近3年内因重大违法违规行为被中国证监会予以行政处罚的；

具有《公司法》规定的不得担任公司董事、监事、高级管理人员情形的。

第二，行权条件。

激励对象行使已获授的股票期权必须同时满足以下条件：

根据《苏宁电器股份有限公司2010年股票期权激励计划实施考核办法》，激励对象上一年度绩效考核良好。

公司未发生下列任一情形：

最近一个会计年度的财务会计报告被注册会计师出具否定意见或者无法表示意见的审计报告；

最近 1 年内因重大违法违规行为被中国证监会予以行政处罚；

中国证监会认定的不能实行股权激励计划的其他情形。

激励对象未发生下列任一情形：

最近 3 年内被证券交易所公开谴责或宣布为不适当人选的；

最近 3 年内因重大违法违规行为被中国证监会予以行政处罚的；

具有《公司法》规定的不得担任公司董事、监事、高级管理人员情形的。

股票期权等待期内，公司各年度归属于上市公司股东的净利润及归属于上市公司股东的扣除非经常性损益的净利润均不得低于授予日前最近三个会计年度的平均水平且不得为负。

行权期的行权条件为：苏宁电器 2010 年度销售收入较 2009 年增长率不低于 20%，且归属于上市公司股东的净利润较 2009 年度增长率不低于 25%；

行权期的行权条件为：苏宁电器 2011 年度销售收入较 2009 年复合增长率不低于 20%，且归属于上市公司股东的净利润较 2009 年度复合增长率不低于 25%；

行权期的行权条件为：苏宁电器 2012 年度销售收入较 2009 年复合增长率不低于 20%，且归属于上市公司股东的净利润较 2009 年度复合增长率不低于 25%；

行权期的行权条件为：苏宁电器 2013 年度销售收入较 2009 年复合增长率不低于 20%，且归属于上市公司股东的净利润较 2009 年度复合增长率不低于 25%；

注：归属于上市公司股东的净利润指标均以扣除非经常性损益前后孰低者作为计算依据。

第三，行权安排。

授予的股票期权自授权日起满 12 个月后，按以下安排行权：

第一个行权期：激励对象自授权日起 12 个月后的首个交易日起至授权日起 24 个月内的最后一个交易日当日止，可行权额度上限为获授股票期权总额的 25%；

第二个行权期：激励对象自授权日起24个月后的首个交易日起至授权日起36个月内的最后一个交易日当日止，可行权额度上限为获授股票期权总额的25%；

第三个行权期：激励对象自授权日起36个月后的首个交易日起至授权日起48个月内的最后一个交易日当日止，可行权额度上限为获授股票期权总额的25%；

第四个行权期：激励对象自授权日起48个月后的首个交易日起至授权日起60个月内的最后一个交易日当日止，可行权额度上限为获受股票期权总额的25%。

第四，达不到行权条件的处理办法。

若未能满足行权条件，则当期的股票期权不得行权，该部分股票期权由公司注销。若激励对象符合行权条件但未在上述行权期内全部行权的，则未行权的部分期权由公司注销。

苏宁本次股票期权激励计划具有以下几个特点（见图8－3）。

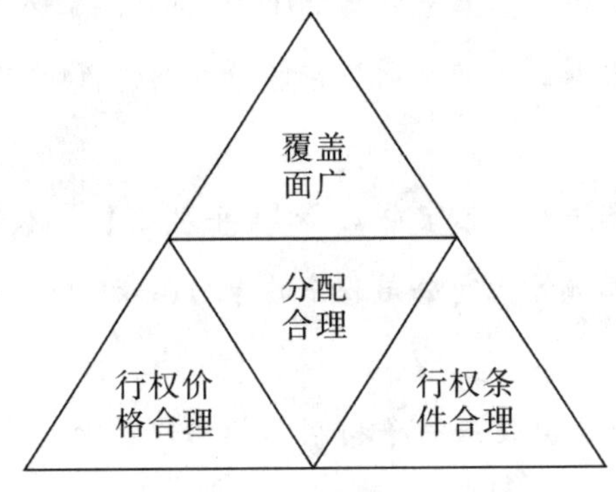

图8－3　苏宁股权激励的特点

1. 覆盖面广

苏宁本次股票期权激励计划的激励对象高达248名，包括公司董事、总裁、副总裁、财务负责人、总部各管理中心副总监级以上中高层管理人员、部分副经理级以上核心业务骨干，销售规模、经营绩效具有代表性的优秀连锁店店长。与2007年、2008年2次股权激励计划相比，无论是激励范围还是激励人数都有显著提升，更有利于激励骨干员工，发挥股权激励的效果。

2. 分配合理

从授予比例来看，此次激励计划中，董事（不含独立董事）、总裁、副总裁、财务负责人获授股票期权涉及的标的股票数量为1210万股，占股票期权授予总量的14.29%，占授予时苏宁电器股本总额的0.17%。其他拟授予的苏宁电器核心中高管以及业务骨干获授股票期权涉及的标的股票数量为7259万股，占股票期权授予总量的85.71%，占授予时苏宁电器股本总额的1.04%。

分配比例往中高层及业务骨干倾斜，体现了股票期权分享的公平性和合理性，有利于减少公司内部的矛盾，促进管理层成员之间的团结，提高公司的整体凝聚力与战斗力。

3. 行权价格合理

此次激励计划的行权价格为14.5元，我们假设公司按最低标准完成行权，2010年、2011年EPS（每股盈余）至少为0.53元、0.67元，参考行业平均30倍和25倍PE预期，对应股价为15.9元、16.8元，激励对象处于获利状态，这势必将有利于公司吸引及留住优秀的人员。推动本次激励名单的人员为共同利益奋斗；同时，也为其他未获得的人员展现了一份未来的期待，从而促使其更努力工作。

4. 行权条件合理

苏宁电器2010年的股权激励计划的行权条件为：苏宁电器2010—2013年每年度销售收入较2009年复合增长率不低于20%，且归属于上市公司股东的净利润较2009年复合增长率不低于25%。与前两次相比，本次的行权条件较为宽松。结合企业发展周期，将销售收入增长率和净利润增长率结合起来作为股权激励计划的业绩考核条件，不仅可以避免管理层调节利润来实现利润增长进而损害股东利益的短期行为，使股东与管理层的长期利益保持一致，而且相对宽松的行权条件也以增加员工对本次计划的信心，起到切实的激励效果。

但本次激励计划也存在不足。虽然行权条件相对宽松，但没有充分考虑市场变化因素和资本放大效应，4 个行权期的条件完全相同，对于瞬息万变的市场来说，不太合理。

8.5 衰退期，扭转乾坤，翻身做主人

衰退期的公司销售业绩明显下降，生产能力严重过剩，市场份额不断缩小，利润大幅下降甚至出现连续亏损的局面。在这种险恶情况下，企业可以通过股权激励的方法来提升业绩，扭转亏损局面。

我们以一家连锁超市为例，来说明其激励方法。

某连锁超市A公司，总部位于北京。前期，公司发展迅速，销售额逐年攀升，市场规模不断扩大，在全国开了20多家连锁门店。可是后来，随着竞争的加剧和管理的落后，员工缺乏工作积极性，工作效率极低，造成平均每家门店的净利润直线下降，亏损现象严重，已濒临破产边缘。

基于这种现象，A公司想实行股权激励方案，以解决目前面临的亏损问题。

首先，对亏损门店进行干股激励：凡是亏损的门店，如果第2年亏损额度缩小，公司将拿出缩小总额的20%的钱分给所属经营管理团队，奖励他们为企业做出的贡献。比如2014年门店亏损50万元，2015年亏损20万元，那么公司就拿出（50－20）×20%＝6（万元），奖励该门店的管理团队。

对于那些有利润的门店，公司拿出利润增加额的15%奖励门店管理团队，比如某门店2014年利润是20万元，2015年做到了40万元，那么该门店管理团队将获得（40－20）×15%＝3（万元）。

对于那些将亏损门店做成盈利的经营团队，公司除了拿出扭亏金额的20%的钱奖励经营管理团队，同时还将该门店的部分净利润分给经营管理团队。比如门店2014年亏损20万元，2015年盈利10万元，那么该门店管理团

队将获得［（10－（－20）］×20%＋10×15%＝7.5（万元）。

经过第 1 期股权激励后，亏损门店面积逐步减少，公司接着推出第 2 期激励计划。

第 1 期的股权激励是在公司亏损严重的情况下做出的，激励的是增加额，对于那些已实现盈利，未来增加额很难大幅度提升的门店，似乎显得有些不公平，为此，可以决定从来年总利润中抽取 5% 奖励门店管理团队。这样，经营团队不仅能够获得门店利润增长带来分红收益，还可以获得公司总利润的分红收益。

假如某门店 2014 年利润 10 万元，2015 年做到了 50 万元，那么该门店的经营团队可以获得（50－10）×15%＋50×5%＝8.5（万元）的收益。这样一来，员工获得多重经济收益，不仅能促进各个门店业务的发展，而且有利于激励团队为公司创造更多的利润，保证股权激励效应的最大化。

附录一　上市公司股权激励管理办法

第一章　总则

第一条　为进一步促进上市公司建立健全激励与约束机制，依据《中华人民共和国公司法》（以下简称《公司法》）、《中华人民共和国证券法》（以下简称《证券法》）及其他法律、行政法规的规定，制定本办法。

第二条　本办法所称股权激励是指上市公司以本公司股票为标的，对其董事、高级管理人员及其他员工进行的长期性激励。

上市公司以限制性股票、股票期权实行股权激励的，适用本办法；以法律、行政法规允许的其他方式实行股权激励的，参照本办法有关规定执行。

第三条　上市公司实行股权激励，应当符合法律、行政法规、本办法和公司章程的规定，有利于上市公司的持续发展，不得损害上市公司利益。

上市公司的董事、监事和高级管理人员在实行股权激励中应当诚实守信，勤勉尽责，维护公司和全体股东的利益。

第四条　上市公司实行股权激励，应当严格按照本办法和其他相关规定的要求履行信息披露义务。

第五条　为上市公司股权激励计划出具意见的证券中介机构和人员，应当诚实守信、勤勉尽责，保证所出具的文件真实、准确、完整。

第六条　任何人不得利用股权激励进行内幕交易、操纵证券市场等违法活动。

第二章　一般规定

第七条　上市公司具有下列情形之一的，不得实行股权激励：

（一）最近一个会计年度财务会计报告被注册会计师出具否定意见或者无法表示意见的审计报告；

（二）最近一个会计年度财务报告内部控制被注册会计师出具否定意见或无法表示意见的审计报告；

（三）上市后最近 36 个月内出现过未按法律法规、公司章程、公开承诺进行利润分配的情形；

（四）法律法规规定不得实行股权激励的；

（五）中国证监会认定的其他情形。

第八条　激励对象可以包括上市公司的董事、高级管理人员、核心技术人员或者核心业务人员，以及公司认为应当激励的对公司经营业绩和未来发展有直接影响的其他员工，但不应当包括独立董事和监事。在境内工作的外籍员工任职上市公司董事、高级管理人员、核心技术人员或者核心业务人员的，可以成为激励对象。

单独或合计持有上市公司 5% 以上股份的股东或实际控制人及其配偶、父母、子女，不得成为激励对象。下列人员也不得成为激励对象：

（一）最近 12 个月内被证券交易所认定为不适当人选；

（二）最近 12 个月内被中国证监会及其派出机构认定为不适当人选；

（三）最近 12 个月内因重大违法违规行为被中国证监会及其派出机构行政处罚或者采取市场禁入措施；

（四）具有《公司法》规定的不得担任公司董事、高级管理人员情形的；

（五）法律法规规定不得参与上市公司股权激励的；

（六）中国证监会认定的其他情形。

第九条　上市公司依照本办法制定股权激励计划的，应当在股权激励计划中载明下列事项：

（一）股权激励的目的；

（二）激励对象的确定依据和范围；

（三）拟授出的权益数量，拟授出权益涉及的标的股票种类、来源、数量及占上市公司股本总额的百分比；分次授出的，每次拟授出的权益数量、涉及的标的股票数量及占股权激励计划涉及的标的股票总额的百分比、占上市公司股本总额的百分比；设置预留权益的，拟预留权益的数量、涉及标的股票数量及占股权激励计划的标的股票总额的百分比；

（四）激励对象为董事、高级管理人员的，其各自可获授的权益数量、占股权激励计划拟授出权益总量的百分比；其他激励对象（各自或者按适当分类）的姓名、职务、可获授的权益数量及占股权激励计划拟授出权益总量的百分比；

（五）股权激励计划的有效期，限制性股票的授予日、限售期和解除限售安排，股票期权的授权日、可行权日、行权有效期和行权安排；

（六）限制性股票的授予价格或者授予价格的确定方法，股票期权的行权价格或者行权价格的确定方法；

（七）激励对象获授权益、行使权益的条件；

（八）上市公司授出权益、激励对象行使权益的程序；

（九）调整权益数量、标的股票数量、授予价格或者行权价格的方法和程序；

（十）股权激励会计处理方法、限制性股票或股票期权公允价值的确定方法、涉及估值模型重要参数取值合理性、实施股权激励应当计提费用及对上市公司经营业绩的影响；

（十一）股权激励计划的变更、终止；

（十二）上市公司发生控制权变更、合并、分立以及激励对象发生职务变更、离职、死亡等事项时股权激励计划的执行；

（十三）上市公司与激励对象之间相关纠纷或争端解决机制；

（十四）上市公司与激励对象的其他权利义务。

第十条　上市公司应当设立激励对象获授权益、行使权益的条件。拟分次授出权益的，应当就每次激励对象获授权益分别设立条件；分期行权的，应当就每次激励对象行使权益分别设立条件。

激励对象为董事、高级管理人员的，上市公司应当设立绩效考核指标作为激励对象行使权益的条件。

第十一条　绩效考核指标应当包括公司业绩指标和激励对象个人绩效指标。相关指标应当客观公开、清晰透明，符合公司的实际情况，有利于促进公司竞争力的提升。

上市公司可以公司历史业绩或同行业可比公司相关指标作为公司业绩指标对照依据，公司选取的业绩指标可以包括净资产收益率、每股收益、每股分红等能够反映股东回报和公司价值创造的综合性指标，以及净利润增长率、主营业务收入增长率等能够反映公司盈利能力和市场价值的成长性指标。以同行业可比公司相关指标作为对照依据的，选取的对照公司不少于 3 家。

激励对象个人绩效指标由上市公司自行确定。

上市公司应当在公告股权激励计划草案的同时披露所设定指标的科学性和合理性。

第十二条　拟实行股权激励的上市公司，可以下列方式作为标的股票来源：

（一）向激励对象发行股份；

（二）回购本公司股份；

（三）法律、行政法规允许的其他方式。

第十三条　股权激励计划的有效期从首次授予权益日起不得超过 10 年。

第十四条　上市公司可以同时实行多期股权激励计划。同时实行多期股权激励计划的，各期激励计划设立的公司业绩指标应当保持可比性，后期激励计划的公司业绩指标低于前期激励计划的，上市公司应当充分说明其原因与合理性。

上市公司全部在有效期内的股权激励计划所涉及的标的股票总数累计不

得超过公司股本总额的 10%。非经股东大会特别决议批准，任何一名激励对象通过全部在有效期内的股权激励计划获授的本公司股票，累计不得超过公司股本总额的 1%。

本条第二款所称股本总额是指股东大会批准最近一次股权激励计划时公司已发行的股本总额。

第十五条　上市公司在推出股权激励计划时，可以设置预留权益，预留比例不得超过本次股权激励计划拟授予权益数量的 20%。

上市公司应当在股权激励计划经股东大会审议通过后 12 个月内明确预留权益的授予对象；超过 12 个月未明确激励对象的，预留权益失效。

第十六条　相关法律、行政法规、部门规章对上市公司董事、高级管理人员买卖本公司股票的期间有限制的，上市公司不得在相关限制期间内向激励对象授出限制性股票，激励对象也不得行使权益。

第十七条　上市公司启动及实施增发新股、并购重组、资产注入、发行可转债、发行公司债券等重大事项期间，可以实行股权激励计划。

第十八条　上市公司发生本办法第七条规定的情形之一的，应当终止实施股权激励计划，不得向激励对象继续授予新的权益，激励对象根据股权激励计划已获授但尚未行使的权益应当终止行使。

在股权激励计划实施过程中，出现本办法第八条规定的不得成为激励对象情形的，上市公司不得继续授予其权益，其已获授但尚未行使的权益应当终止行使。

第十九条　激励对象在获授限制性股票或者对获授的股票期权行使权益前后买卖股票的行为，应当遵守《证券法》《公司法》等相关规定。

上市公司应当在本办法第二十条规定的协议中，就前述义务向激励对象做出特别提示。

第二十条　上市公司应当与激励对象签订协议，确认股权激励计划的内容，并依照本办法约定双方的其他权利义务。

上市公司应当承诺，股权激励计划相关信息披露文件不存在虚假记载、误导性陈述或者重大遗漏。

所有激励对象应当承诺，上市公司因信息披露文件中有虚假记载、误导性陈述或者重大遗漏，导致不符合授予权益或行使权益安排的，激励对象应当自相关信息披露文件被确认存在虚假记载、误导性陈述或者重大遗漏后，将由股权激励计划所获得的全部利益返还公司。

第二十一条　激励对象参与股权激励计划的资金来源应当合法合规，不得违反法律、行政法规及中国证监会的相关规定。

上市公司不得为激励对象依股权激励计划获取有关权益提供贷款以及其他任何形式的财务资助，包括为其贷款提供担保。

第三章　限制性股票

第二十二条　本办法所称限制性股票是指激励对象按照股权激励计划规定的条件，获得的转让等部分权利受到限制的本公司股票。

限制性股票在解除限售前不得转让、用于担保或偿还债务。

第二十三条　上市公司在授予激励对象限制性股票时，应当确定授予价格或授予价格的确定方法。授予价格不得低于股票票面金额，且原则上不得低于下列价格较高者：

（一）股权激励计划草案公布前 1 个交易日的公司股票交易均价的 50%；

（二）股权激励计划草案公布前 20 个交易日、60 个交易日或者 120 个交易日的公司股票交易均价之一的 50%。

上市公司采用其他方法确定限制性股票授予价格的，应当在股权激励计划中对定价依据及定价方式作出说明。

第二十四条　限制性股票授予日与首次解除限售日之间的间隔不得少于 12 个月。

第二十五条　在限制性股票有效期内，上市公司应当规定分期解除限售，每期时限不得少于 12 个月，各期解除限售的比例不得超过激励对象获授限制性股票总额的 50%。

当期解除限售的条件未成就的，限制性股票不得解除限售或递延至下期解除限售，应当按照本办法第二十六条规定处理。

第二十六条　出现本办法第十八条、第二十五条规定情形，或者其他终止实施股权激励计划的情形或激励对象未达到解除限售条件的，上市公司应当回购尚未解除限售的限制性股票，并按照《公司法》的规定进行处理。

对出现本办法第十八条第一款情形负有个人责任的，或出现本办法第十八条第二款情形的，回购价格不得高于授予价格；出现其他情形的，回购价格不得高于授予价格加上银行同期存款利息之和。

第二十七条　上市公司应当在本办法第二十六条规定的情形出现后及时召开董事会审议回购股份方案，并依法将回购股份方案提交股东大会批准。回购股份方案包括但不限于以下内容：

（一）回购股份的原因；

（二）回购股份的价格及定价依据；

（三）拟回购股份的种类、数量及占股权激励计划所涉及的标的股票的比例、占总股本的比例；

（四）拟用于回购的资金总额及资金来源；

（五）回购后公司股本结构的变动情况及对公司业绩的影响。

律师事务所应当就回购股份方案是否符合法律、行政法规、本办法的规定和股权激励计划的安排出具专业意见。

第四章　股票期权

第二十八条　本办法所称股票期权是指上市公司授予激励对象在未来一定期限内以预先确定的条件购买本公司一定数量股份的权利。

激励对象获授的股票期权不得转让、用于担保或偿还债务。

第二十九条　上市公司在授予激励对象股票期权时，应当确定行权价格或者行权价格的确定方法。行权价格不得低于股票票面金额，且原则上不得低于下列价格较高者：

（一）股权激励计划草案公布前 1 个交易日的公司股票交易均价；

（二）股权激励计划草案公布前20个交易日、60个交易日或者120个交易日的公司股票交易均价之一。

上市公司采用其他方法确定行权价格的，应当在股权激励计划中对定价依据及定价方式作出说明。

第三十条　股票期权授权日与获授股票期权首次可行权日之间的间隔不得少于12个月。

第三十一条　在股票期权有效期内，上市公司应当规定激励对象分期行权，每期时限不得少于12个月，后一行权期的起算日不得早于前一行权期的届满日。每期可行权的股票期权比例不得超过激励对象获授股票期权总额的50%。

当期行权条件未成就的，股票期权不得行权或递延至下期行权，并应当按照本办法第三十二条第二款规定处理。

第三十二条　股票期权各行权期结束后，激励对象未行权的当期股票期权应当终止行权，上市公司应当及时注销。

出现本办法第十八条、第三十一条规定情形，或者其他终止实施股权激励计划的情形或激励对象不符合行权条件的，上市公司应当注销对应的股票期权。

第五章　实施程序

第三十三条　上市公司董事会下设的薪酬与考核委员会负责拟订股权激励计划草案。

第三十四条　上市公司实行股权激励，董事会应当依法对股权激励计划草案作出决议，拟作为激励对象的董事或与其存在关联关系的董事应当回避表决。

董事会审议本办法第四十六条、第四十七条、第四十八条、第四十九条、第五十条、第五十一条规定中有关股权激励计划实施的事项时，拟作为激励对象的董事或与其存在关联关系的董事应当回避表决。

董事会应当在依照本办法第三十七条、第五十四条的规定履行公示、公告程序后，将股权激励计划提交股东大会审议。

第三十五条　独立董事及监事会应当就股权激励计划草案是否有利于上市公司的持续发展，是否存在明显损害上市公司及全体股东利益的情形发表意见。独立董事或监事会认为有必要的，可以建议上市公司聘请独立财务顾问，对股权激励计划的可行性、是否有利于上市公司的持续发展、是否损害上市公司利益以及对股东利益的影响发表专业意见。上市公司未按照建议聘请独立财务顾问的，应当就此事项做特别说明。

第三十六条　上市公司未按照本办法第二十三条、第二十九条定价原则，而采用其他方法确定限制性股票授予价格或股票期权行权价格的，应当聘请独立财务顾问，对股权激励计划的可行性、是否有利于上市公司的持续发展、相关定价依据和定价方法的合理性、是否损害上市公司利益以及对股东利益的影响发表专业意见。

第三十七条　上市公司应当在召开股东大会前，通过公司网站或者其他途径，在公司内部公示激励对象的姓名和职务，公示期不少于 10 天。

监事会应当对股权激励名单进行审核，充分听取公示意见。上市公司应当在股东大会审议股权激励计划前 5 日披露监事会对激励名单审核及公示情况的说明。

第三十八条　上市公司应当对内幕信息知情人在股权激励计划草案公告前 6 个月内买卖本公司股票及其衍生品种的情况进行自查，说明是否存在内幕交易行为。

知悉内幕信息而买卖本公司股票的，不得成为激励对象，法律、行政法规及相关司法解释规定不属于内幕交易的情形除外。

泄露内幕信息而导致内幕交易发生的，不得成为激励对象。

第三十九条　上市公司应当聘请律师事务所对股权激励计划出具法律意见书，至少对以下事项发表专业意见：

（一）上市公司是否符合本办法规定的实行股权激励的条件；

（二）股权激励计划的内容是否符合本办法的规定；

（三）股权激励计划的拟订、审议、公示等程序是否符合本办法的规定；

（四）股权激励对象的确定是否符合本办法及相关法律法规的规定；

（五）上市公司是否已按照中国证监会的相关要求履行信息披露义务；

（六）上市公司是否为激励对象提供财务资助；

（七）股权激励计划是否存在明显损害上市公司及全体股东利益和违反有关法律、行政法规的情形；

（八）拟作为激励对象的董事或与其存在关联关系的董事是否根据本办法的规定进行了回避；

（九）其他应当说明的事项。

第四十条　上市公司召开股东大会审议股权激励计划时，独立董事应当就股权激励计划向所有的股东征集委托投票权。

第四十一条　股东大会应当对本办法第九条规定的股权激励计划内容进行表决，并经出席会议的股东所持表决权的 2/3 以上通过。除上市公司董事、监事、高级管理人员、单独或合计持有上市公司 5% 以上股份的股东以外，其他股东的投票情况应当单独统计并予以披露。

上市公司股东大会审议股权激励计划时，拟为激励对象的股东或者与激励对象存在关联关系的股东，应当回避表决。

第四十二条　上市公司董事会应当根据股东大会决议，负责实施限制性股票的授予、解除限售和回购以及股票期权的授权、行权和注销。

上市公司监事会应当对限制性股票授予日及期权授予日激励对象名单进行核实并发表意见。

第四十三条　上市公司授予权益与回购限制性股票、激励对象行使权益前，上市公司应当向证券交易所提出申请，经证券交易所确认后，由证券登记结算机构办理登记结算事宜。

第四十四条　股权激励计划经股东大会审议通过后，上市公司应当在 60 日内授予权益并完成公告、登记；有获授权益条件的，应当在条件成就后 60 日内授出权益并完成公告、登记。上市公司未能在 60 日内完成上述工作的，应当及时披露未完成的原因，并宣告终止实施股权激励，自公告之日起 3 个月内不得再次审议股权激励计划。根据本办法规定上市公司不得授出权益的期间不计算在60日内。

第四十五条　上市公司应当按照证券登记结算机构的业务规则，在证券登记结算机构开设证券账户，用于股权激励的实施。

激励对象为境内工作的外籍员工的，可以向证券登记结算机构申请开立证券账户，用于持有或卖出因股权激励获得的权益，但不得使用该证券账户从事其他证券交易活动。

尚未行权的股票期权，以及不得转让的标的股票，应当予以锁定。

第四十六条　上市公司在向激励对象授出权益前，董事会应当就股权激励计划设定的激励对象获授权益的条件是否成就进行审议，独立董事及监事会应当同时发表明确意见。律师事务所应当对激励对象获授权益的条件是否成就出具法律意见。

上市公司向激励对象授出权益与股权激励计划的安排存在差异时，独立董事、监事会（当激励对象发生变化时）、律师事务所、独立财务顾问（如有）应当同时发表明确意见。

第四十七条　激励对象在行使权益前，董事会应当就股权激励计划设定的激励对象行使权益的条件是否成就进行审议，独立董事及监事会应当同时发表明确意见。律师事务所应当对激励对象行使权益的条件是否成就出具法律意见。

第四十八条　因标的股票除权、除息或者其他原因需要调整权益价格或者数量的，上市公司董事会应当按照股权激励计划规定的原则、方式和程序进行调整。

律师事务所应当就上述调整是否符合本办法、公司章程的规定和股权激励计划的安排出具专业意见。

第四十九条　分次授出权益的，在每次授出权益前，上市公司应当召开董事会，按照股权激励计划的内容及首次授出权益时确定的原则，决定授出的权益价格、行使权益安排等内容。

当次授予权益的条件未成就时，上市公司不得向激励对象授予权益，未授予的权益也不得递延下期授予。

第五十条　上市公司在股东大会审议通过股权激励方案之前可对其进行变更。变更需经董事会审议通过。

上市公司对已通过股东大会审议的股权激励方案进行变更的，应当及时公告并提交股东大会审议，且不得包括下列情形：

（一）导致加速行权或提前解除限售的情形；

（二）降低行权价格或授予价格的情形。

独立董事、监事应当就变更后的方案是否有利于上市公司的持续发展，是否存在明显损害上市公司及全体股东利益的情形发表独立意见。律师事务所应当就变更后的方案是否符合本办法及相关法律法规的规定、是否存在明显损害上市公司及全体股东利益的情形发表专业意见。

第五十一条　上市公司在股东大会审议股权激励计划之前拟终止实施股权激励的，需经董事会审议通过。

上市公司在股东大会审议通过股权激励计划之后终止实施股权激励的，应当由股东大会审议决定。

律师事务所应当就上市公司终止实施激励是否符合本办法及相关法律法规的规定、是否存在明显损害上市公司及全体股东利益的情形发表专业意见。

第五十二条　上市公司股东大会或董事会审议通过终止实施股权激励计划决议，或者股东大会审议未通过股权激励计划的，自决议公告之日起 3 个月内，上市公司不得再次审议股权激励计划。

第六章　信息披露

第五十三条　上市公司实行股权激励，应当真实、准确、完整、及时、公平地披露或者提供信息，不得有虚假记载、误导性陈述或者重大遗漏。

第五十四条　上市公司应当在董事会审议通过股权激励计划草案后，及时公告董事会决议、股权激励计划草案、独立董事意见及监事会意见。

上市公司实行股权激励计划依照规定需要取得有关部门批准的，应当在取得有关批复文件后的 2 个交易日内进行公告。

第五十五条　股东大会审议股权激励计划前，上市公司拟对股权激励方案进行变更的，变更议案经董事会审议通过后，上市公司应当及时披露董事会决议公告，同时披露变更原因、变更内容及独立董事、监事会、律师事务所意见。

第五十六条　上市公司在发出召开股东大会审议股权激励计划的通知时，应当同时公告法律意见书；聘请独立财务顾问的，还应当同时公告独立财务顾问报告。

第五十七条　股东大会审议通过股权激励计划及相关议案后，上市公司应当及时披露股东大会决议公告、经股东大会审议通过的股权激励计划，以及内幕信息知情人买卖本公司股票情况的自查报告。股东大会决议公告中应当包括中小投资者单独计票结果。

第五十八条　上市公司分次授出权益的，分次授出权益的议案经董事会审议通过后，上市公司应当及时披露董事会决议公告，对拟授出的权益价格、行使权益安排、是否符合股权激励计划的安排等内容进行说明。

第五十九条　因标的股票除权、除息或者其他原因调整权益价格或者数量的，调整议案经董事会审议通过后，上市公司应当及时披露董事会决议公告，同时公告律师事务所意见。

第六十条　上市公司董事会应当在授予权益及股票期权行权登记完成后、限制性股票解除限售前，及时披露相关实施情况的公告。

第六十一条　上市公司向激励对象授出权益时，应当按照本办法第四十四条规定履行信息披露义务，并再次披露股权激励会计处理方法、公允价值确定方法、涉及估值模型重要参数取值的合理性、实施股权激励应当计提的费用及对上市公司业绩的影响。

第六十二条　上市公司董事会按照本办法第四十六条、第四十七条规定对激励对象获授权益、行使权益的条件是否成就进行审议的，上市公司应当及时披露董事会决议公告，同时公告独立董事、监事会、律师事务所意见以及独立财务顾问意见（如有）。

第六十三条　上市公司董事会按照本办法第二十七条规定审议限制性股票回购方案的，应当及时公告回购股份方案及律师事务所意见。回购股份方案经股东大会批准后，上市公司应当及时公告股东大会决议。

第六十四条　上市公司终止实施股权激励的，终止实施议案经股东大会或董事会审议通过后，上市公司应当及时披露股东大会决议公告或董事会决议公告，并对终止实施股权激励的原因、股权激励已筹划及实施进展、终止实施股权激励对上市公司的可能影响等作出说明，并披露律师事务所意见。

第六十五条　上市公司应当在定期报告中披露报告期内股权激励的实施情况，包括：

（一）报告期内激励对象的范围；

（二）报告期内授出、行使和失效的权益总额；

（三）至报告期末累计已授出但尚未行使的权益总额；

（四）报告期内权益价格、权益数量历次调整的情况以及经调整后的最新权益价格与权益数量；

（五）董事、高级管理人员各自的姓名、职务以及在报告期内历次获授、行使权益的情况和失效的权益数量；

（六）因激励对象行使权益所引起的股本变动情况；

（七）股权激励的会计处理方法及股权激励费用对公司业绩的影响；

（八）报告期内激励对象获授权益、行使权益的条件是否成就的说明；

（九）报告期内终止实施股权激励的情况及原因。

第七章　监督管理

第六十六条　上市公司股权激励不符合法律、行政法规和本办法规定，或者上市公司未按照本办法、股权激励计划的规定实施股权激励的，上市公司应当终止实施股权激励，中国证监会及其派出机构责令改正，并书面通报证券交易所和证券登记结算机构。

第六十七条　上市公司未按照本办法及其他相关规定披露股权激励相关信息或者所披露的信息有虚假记载、误导性陈述或者重大遗漏的，中国证监会及其派出机构对公司及相关责任人员采取责令改正、监管谈话、出具警示函等监管措施；情节严重的，依照《证券法》予以处罚；涉嫌犯罪的，依法移交司法机关追究刑事责任。

第六十八条　上市公司因信息披露文件有虚假记载、误导性陈述或者重大遗漏，导致不符合授予权益或行使权益安排的，未行使权益应当统一回购注销，已经行使权益的，所有激励对象应当返还已获授权益。对上述事宜不负有责任的激励对象因返还已获授权益而遭受损失的，可按照股权激励计划相关安排，向上市公司或负有责任的对象进行追偿。董事会应当按照前款规定和股权激励计划相关安排收回激励对象所得收益。

第六十九条　上市公司实施股权激励过程中，上市公司独立董事及监事未按照本办法及相关规定履行勤勉尽责义务的，中国证监会及其派出机构采取责令改正、监管谈话、出具警示函、认定为不适当人选等措施；情节严重的，依照《证券法》予以处罚；涉嫌犯罪的，依法移交司法机关追究刑事责任。

第七十条　利用股权激励进行内幕交易或者操纵证券市场的，中国证监会及其派出机构依照《证券法》予以处罚；情节严重的，对相关责任人员实施市场禁入等措施；涉嫌犯罪的，依法移交司法机关追究刑事责任。

第七十一条　为上市公司股权激励计划出具专业意见的证券服务机构和人员未履行勤勉尽责义务，所发表的专业意见存在虚假记载、误导性陈述或者重大遗漏的，中国证监会及其派出机构对相关机构及签字人员采取责令改正、监管谈话、出具警示函等措施；情节严重的，依照《证券法》予以处罚；涉嫌犯罪的，依法移交司法机关追究刑事责任。

第八章　附则

第七十二条　本办法下列用语具有如下含义：

标的股票：指根据股权激励计划，激励对象有权获授或者购买的上市公司股票。

权益：指激励对象根据股权激励计划获得的上市公司股票、股票期权。

授出权益（授予权益、授权）：指上市公司根据股权激励计划的安排，授予激励对象限制性股票、股票期权的行为。

行使权益（行权）：指激励对象根据股权激励计划的规定，解除限制性股票的限售、行使股票期权购买上市公司股份的行为。

分次授出权益（分次授权）：指上市公司根据股权激励计划的安排，向已确定的激励对象分次授予限制性股票、股票期权的行为。

分期行使权益（分期行权）：指根据股权激励计划的安排，激励对象已获授的限制性股票分期解除限售、已获授的股票期权分期行权的行为。

预留权益：指股权激励计划推出时未明确激励对象、股权激励计划实施过程中确定激励对象的权益。

授予日或者授权日：指上市公司向激励对象授予限制性股票、股票期权的日期。授予日、授权日必须为交易日。

限售期：指股权激励计划设定的激励对象行使权益的条件尚未成就，限制性股票不得转让、用于担保或偿还债务的期间，自激励对象获授限制性股票完成登记之日起算。

可行权日：指激励对象可以开始行权的日期。可行权日必须为交易日。

授予价格：上市公司向激励对象授予限制性股票时所确定的、激励对象获得上市公司股份的价格。

行权价格：上市公司向激励对象授予股票期权时所确定的、激励对象购买上市公司股份的价格。

标的股票交易均价：标的股票交易总额/标的股票交易总量。

本办法所称的“以上”“以下”含本数，“超过”“低于”“少于”不含本数。

第七十三条　国有控股上市公司实施股权激励，国家有关部门对其有特别规定的，应当同时遵守其规定。

第七十四条　本办法适用于股票在上海、深圳证券交易所上市的公司。

第七十五条　本办法自 2016 年 8 月 13 日起施行。原《上市公司股权激励管理办法（试行）》（证监公司字〔2005〕151 号）及相关配套制度同时废止。

附录二　本书联合发起人名单

林沫秀

◆佛山市沛速得网络科技有限公司董事长

◆沛速得网络以“健康信息，活力无限”为宗旨，专业提供健康知识与健康器械的互联网平台。

王明峰

◆伯克希尔投资管理有限公司董事、总经理

◆冠军基金认购联合发起人与创始人

陈中元

◆深圳市德智源科技有限公司联合创始人

◆东莞市聚力玻纤制品有限公司董事长

◆东莞市来往商盟执行会长

◆阿里巴巴莞东区域优秀讲师

倪淑晶

◆福州市晶鑫圆梦发展有限公司创始人

◆福州市黄金茶食董事长

◆福州市农富民安茶董事长

◆型体管理全球代理商

◆888创业合伙人

◆李阳英语合作股东

卢怀宇

◆培土生金小儿推拿创始人

◆为推动三字经派小儿推拿努力奉献

本书联合发起人名单

廖晓琳

◆中国佳莱频谱顾问
◆云昕堂蛹虫草玛咖片总代理
◆物业管理专家
◆亚洲创业家实战导师

郝 影

◆吉林省作家协会会员
◆吉林省新诗协会常务理事
◆著有诗集《流水不知落花情》
◆荣格爱的力量基金会荣誉理事
◆复制猫国际成功系统创始人及导师
◆中国直销风云人物
◆世界直销杰出领袖

陈 容

◆广州市福翠王珠宝有限公司总经理
◆广东福欢翡翠玉雕艺术品有限公司总经理
◆广州市千秋翠珠宝有限公司总经理

田若琳

◆云南凌云律师事务所财税管理事业部负责人
◆业务领域：股权设计、法税同审、财富传承管理

张青萍

◆“羲品茹堂”品牌创始人
◆ 丽江品珍生物研发有限公司董事总经理